AF289689

Allraheligaste Trinosofia

Och det Gudomligt Kvinnligas Nya Framträdande

Robert A. Powell

Översättning resterande sidor: Stefan Breitholtz
Korrekturläsning: Eva Breitholtz
Framsida: Sofia, Guds Visdom. Novgorod. Wikimedia

Förlag: BoD · Books on Demand, Stockholm, Sverige
Tryck: Libri Plureos GmbH, Hamburg, Tyskland

ISBN: 978-91-8080-149-2

INNEHÅLLSFÖRTECKNING

Sofia är alla hjärtans prästinna i evighet
-Novalis (avslutningsord i *Heinrich von Ofterdingen*, del 1)

Denna bok publicerades år 2000 i början av vad Caitlin Matthews, författare till *Sophia: Goddess of Wisdom*, kallar det sofianska årtusendet. Den är tänkt som ett bidrag till en djupare förståelse av det Gudomligt Kvinnliga vid denna vändpunkt i mänsklighetens och världens utveckling: en vändpunkt efter två tusen år med traditionell kristendom till en mer vidgad form av kristendom som skulle kunna erkänna och inkludera det Gudomligt Kvinnliga. Men finns det egentligen något exakt datum som vi skulle kunna beskriva som denna tidpunkt?

I författarens bok *Chronicle of the Living Christ* pekar välgrundad forskning på den 1: a januari år 2000 som den 2000:de årsdagen av Jesu födelse, betraktad ur ett kosmiskt perspektiv. Detta datum, som innebär Solens 2000:de återkomst i konjunktion med Jesu födelsestjärna, anger avslutningen på två tusen år av historisk kristendom (räknat från Jesu födelse). I detta avseende markerar år 2000 verkligen början av en ny era, vilken som det antyds ovan har kallats det sofianska årtusendet. Visserligen finns det andra utgångspunkter beträffande dateringen av det Gudomligt Kvinnligas framträdande som också skulle kunna tas i beaktande. Till exempel, precis som det hänvisas till i de följande sidorna, skulle Saturnus- Jupiter konjunktionen som ägde rum alldeles före pingst år 2000, kunna anses som en himmelsk händelse att betrakta som den kosmiska början på ett nytt årtusende. Det Stora Jubiléet – som firar Jesus födelsedag år 2000 – är emellertid vad som för närvarande är aktuellt i medvetandet inte bara hos kristna, utan även hos många med andra religioner och traditioner.

Må publiceringen av denna bok vid denna tidpunkt, under jubileumsåret, tjäna som inspiration för alla som söker Gudomlig Visdom och för alla de som söker ett nytt framträdande av det Gudomligt Kvinnliga i början av detta millenium!

Förord: Carrol E. Parrish- Harra
Dean, Sancta Sophia Seminary

I *Allraheligaste Trinosofia och det Gudomligt Kvinnligas nya Framträdande*, vägleder oss Robert A. Powell skickligt genom mängden av nytillkomna uppfattningar om Sofia - det Gudomligt Kvinnliga, som länge varit bortglömt, till och med okänt för de flesta. Det är viktigt att förstå det Gudomligt Kvinnliga för att återfå en balanserad och respektfull relation till skapelsen och livet. En förståelse för Sofia kommer att resultera i en djupgående social förändring. Den ytterligare dimension som hon ger oss kommer att förankra en levande kosmologi i vår utveckling som människor.

Ett första steg i vårt uppvaknande inför Sofia är att skilja på Kristus och Sofia. Kristus är logos, det skapande ordet; Sofia är den medfödda visdomen som ligger bakom och stödjer ordet. När vi talar, måste vi samtidigt ha en tanke om vad vi just skall säga. En aspekt är ordet och en annan är den underliggande tanken vi önskar framföra. Dessa är oskiljbara. På liknande sätt är ordet (logos) och visdom (sofia) självständiga, men ändå ett.

Alltför ofta har modern kristendom blivit till en smal, inskränkt religion, fast vi känner Guds sanna natur som generös, flödande, inkluderande och mångsidig, och som en förenande och livgivande kraft. Efter århundraden av ouppmärksamhet upptäcker vi nu filosofiska skatter som har legat och väntat på att få bli omfamnade eller åtminstone beaktade. Sofias natur manar oss att på allvar åter inta en mer vidsynt och lyhörd attityd, en attityd som var naturlig för människorna i de första kristna församlingarna.

Idag håller vi på att lära oss att vända oss till Gud som "Fader-Moder" och värdesätta både Faderns utåtriktade "talande" verksamhet, och den lyhört lyssnande kvaliteten i eterns sfärer som gensvar till ett gudomligt påbud. Denna komplementära verksamhet satte skapelsen i rörelse. Den ortodoxa kristna traditionen har länge vördat heliga Sofia som den moderliga aspekten; medan under det att västvärldens intresse för mystik avtog, även Sofias betydelse minskade.

Jag tycker om att föreställa mig Sofia som tre aspekter av det kvinnliga: jungfrun, modern och den äldre kvinnan. Sofia är alla tre var för sig, och samtidigt alla förkroppsligade i en. Bebådelsen och Marias historia, Jesu blivande moders, illustrerar beredvilligheten att bli det Allra Högstas tjänarinna. Genom alla tider har Maria varit ett föredöme för kristna unga kvinnor - ren, mottaglig och lydig. Denna undergivna bild är inte längre gångbar i vår tid. Låt oss i stället föreställa oss Sofia som den luttrade själen, den jungfruliga själen som är beredd att ta emot det nyfödda inre självet.

Med jungiansk terminologi kallas själen anima/animus. Den "suger upp" vår smärta och våra kognitiva förvrängningar; så småningom när vi mognar och söker läkning och rening, blir vi mottagliga för ett mer medvetet förhållande till det heliga i vår vardag. Den vägleder oss intuitivt genom drömmar, symboler och kreativt tänkande. Den anger riktningen – genom livets dalgångar och bergstoppar – så att hälsa och hopp kan återställas. När en viss grad av luttring uppnåtts kan denna aspekt kallas Sofia, vår intuitiva ledsagerska, som hjälper oss att finna vårt livs mening. Själen, den medfödda visdomen dold bakom det yttre, är redo att vägleda oss.

Moder Maria, hedrad för sin underkastelse som den lidande modern, får sällan erkännande för personlig styrka eller för sin roll som den kristna gemenskapens ledare efter himmelsfärden. Hon har inte avbildats som ett djärvt eller modigt föredöme, vilket hon i verkligheten måste ha varit om hon lämnade sina hemtrakter tillsammans med lärjungarna under förföljelserna, vilket så ofta beskrivs i legenderna.

Den visa äldre kvinnan gör den tredelade aspekten fullständig. Beslöjad liksom Isis utgör denna visa äldre aspekt av Modern en motsvarighet till Fadern - verksam överallt, men i det fördolda. Detta är skapelsens Sofia. Medan den ortodoxa kristendomen skådade skönheten hos den mogna Sofia, använde västvärldens kristenhet en rad olika kvinnliga helgon för att beskriva hennes medfödda kvaliteter av allvetande och skaparkraft. Sofia i sin rättmätiga ärofyllda status som vis och uppmärksam, framträder nu för att visa oss på våra brister och fel - och älskar oss på samma gång.

I vår tid av kaos och förändring, missströstan och förnyat hopp, rör Sofia, den beslöjade Modern, upp minnen från vårt djupaste inre. Denna mäktiga urbild – med många skepnader: Moder Maria, Kuan Yin, Sarasvati, White Buffalo Woman - väntar på att bli upptäckt. Heliga kvinnor har visat oss hennes ansikte; alldeles nyligen såg vi hennes kärlek och ömhet, hennes beskyddande kvaliteter och hennes uthållighet som den visa äldre, i Moder Teresa i Calcutta. Föga förstådd försöker hon väcka upp oss inför sin närvaro, för att dämpa polarisering, och hela den splittrade mänskligheten.

När vi betraktar de uppenbara missförhållandena i den teknologiska era som vi nu ser runt omkring oss, stannar vi kanske upp och undrar: Hur kunde vi avlägsna oss så långt från våra förfäders vördnad för Fader Sol och Moder Jord? De enkla men ändå kunniga människorna från tidigare epoker har nu blivit förebilder för ett nytt sätt att leva. Vi frågar oss: Kan vi få skadorna från vår vårdslösa okunnighet ogjorda? Människor i de gamla tiderna visste att en hälsosam tillvaro, och till och med hela skapelsen, var beroende av ett sunt förhållande mellan det maskulina och det feminina. I Ordspråksboken 8:23-35 uppträder Sofia vid Guds sida som medskapare av Jorden: *"i begynnelsen, innan jorden fanns...Ty den som finner mig finner livet och vinner Herrens välbehag"*.

När vi kom in i den mörka tidsåldern (vid Romarrikets fall kring början av femhundratalet till den något omstridda medeltiden runt 1200–1400-talen) försvann Sofia ur sikte. Hon framträdde endast glimtvis; ändå har hon alltid stått mänskligheten bi. Vid denna tidpunkt, vid den stora maskulina dominansens gryning, blev "Vår Fru" det enda acceptabla sättet att förankra urbilden av det Gudomligt Kvinnliga i religiöst andliga sammanhang.

Vid renässansens inledning på 1300-talet och vidare fram till och med 1600-talet blev Sofia, som visdom, den gudomliga Modern till vetenskap och konst. Hon sänder ut sina tjänsteflickor, sju jungfrur, för att bjuda in alla till "Visdomens Fest" (Ordspråksboken 8:3). *"Visheten har byggt sig ett hus, hon har huggit ut sina sju pelare."* Hennes hem kallades Sju Pelare och kom att representera de sju fria konsterna, vilka lade grunden till västvärldens bildning.

Väst rusade fram mot rationalism. Vetenskapen skulle öppna upp för nya intellektuella landvinningar och ge oss nya sätt att uppskatta världen omkring oss. Den kraftfulla maskulina världsuppfattningen gjorde sig gällande. Resultatinriktning, produktivitet, konkurrens och kontroll blev honnörsord och makten lockade. Beundran för Fadern övergick till beundran för Sonen; den yttre världen skulle bemästras i Sonens namn. Den inre världen förlorade sin dragningskraft. Kvinnor och deras svårförståeliga liv hade föga värde i en värld som var redo för sitt nästa steg. Mänskligheten strävade efter att dominera naturen. Det Gudomligt Kvinnliga ignorerades i stor utsträckning, ända tills vår tids akuta nöd blev uppenbar.

När vi nu lämnar den tid då vi försummat det inre livet, försöker vi också lämna vårt beroende av det rationella på psykologisk nivå. Vi står mitt i det moderna samhällets sociala sjukdomar och möter de "gudar" som inte längre tjänar oss: makt, status, pengar, droger och missbruk. Även om många inte har förstått vad som hänt, är förvirringen i en värld som gått snett påtaglig. Ur kaoset kommer en medvetenhet, som succesivt vuxit under de senaste två hundra åren. Många har förstått att endast en högre form av medvetande kan ge oss lättnad. Visdomens undervisning säger oss att svaret finns inom oss och alltid är närvarande. Sofia förbereder för återupprättandet av sina djupa mysterier.

Hon letar sig in och ut i våra liv på sitt eget vis. Det gudomligt kvinnliga visar sig inte på samma sätt för alla. Hon fångar oss med sina förbryllande subtiliteter och låter oss sedan kämpa med dem tills vi kan integrera delarna. När vi får insikt i att vissa viktiga delar av människans liv inte är rationella och aldrig kommer att bli, då känner vi Sofia: vis och underbar försöker hon vinna våra hjärtan även om vi inte kan förklara hennes närvaro. Att framställa den svårfångade förklaringen till hennes tjuskraft är en utmaning för Robert Powell, författaren till *Allraheligaste Trinosofia*.

Robert beskriver Sofia med konstnärlig skicklighet; ett kosmiskt mysterium framträder gradvis. Precis som det begränsade inte kan innehålla det obegränsade, möter läsaren Sofia vid gränsen av sitt medvetande, där hon gläder sig över att ge sig till känna. För att kunna ta in mysteriet med Trinosofia, måste vi vara beredda att använda oss av våra andliga organ. Fadern, Sonen och den Helige Ande finner sin motsvarighet i Modern, Dottern och den Heliga Själen. Genom alla tider har Sofia gärna låtit sig skymtas i musik, rytmer, poesi, och konst. Hennes orationella lek med våra sinnen har omedvetet behållit oss förenade med henne, alltmedan rationaliseringsprocesser och materiella landvinningar fortskrider.

Kvinnliga mysterier - barnafödsel, död, läkedom, intuition, sexualitet och lek - har varit djupt förborgade fram till helt nyligen. Samtalsämnen som skulle undvikas i det konventionella samhället. I modern tid har sociala strider avtäckt tabun - det ena efter det andra. Senare delen av 1900-talet såg en stor förändring av förlossningsmetoder, en nyvaknad öppenhet för palliativ vård i livets slutskede, ett ökat intresse för själsligt-andligt helande och dess processer, och ett bekräftande av våra behov av helhet och enhet. Fenomen som andlighet kom i fokus, intresset för psykiska förmågor och människans potential; paranormala fenomen krävde vår uppmärksamhet. Steg för steg kom intuition och naturens inneboende visdom att åter erkännas som en del av vardagslivet.

Leken är kanske det mest svårfångade mysteriet som återstår att omfamnas. Mångmiljonindustrin inom sporten visar att vi fortfarande är besatta av att tävla, vinna och konkurrera och att forma alla deltagare till stereotyper. Lek för lekens skull bör åter bli en hjärtefråga. När vi omedvetet alltmer närmar oss den "vårdande modern", återupptäcker vi alla de ovanstående mysterierna på ett naturligt sätt, men inte alltid så klokt och vist. En utforskandeprocess för ofta med sig smärtsamma förändringar då det utmanar det traditionella; men ut ur det kollektivt omedvetna kommer Sofia. Vi måste komma ihåg att nya förmågor ofta framträder obearbetade, tills de övas och gradvis förfinas. När vi i vår tid närmar oss dessa mysterier kommer vi att få de erfarenheter som behövs för att förkovra oss i dessa vanskliga och känsliga områden.

Den utvidgade vetenskapen har under de senare åren visat förnyat intresse för existentiella fenomen, och på så sätt påskyndat återuppvaknandet inför Sofia. Vi delar upp, analyserar, rationaliserar och intellektualiserar alldeles för mycket. Vi har börjat inse att livet på så sätt blir mindre tillfredsställande. Genom att acceptera livets mysterier som naturliga inslag i livet, tillåter vi oss att bli hela människor. Vi har behov av poesi mitt i livets tuffa villkor, fläkten av ett minne eller glimten av ett hopp för att kunna gå vidare i vår utveckling.

Sofia utgjorde ett starkt stöd för gnostikerna, de kände och sökte hennes närvaro och välsignelse. När kristenheten försökte finna sin struktur, fördömde de gnosticismen, men Sofia inväntade nya tider då andlig rörelse, och inte stela doktriner och dogmer, åter kunde leda mänskligheten mot dess kollektiva själ. Mysticism, en väg som nästan blev utplånad, vinner åter acceptans och fortsätter att värdesätta individens direkta kunskap om det gudomliga (gnosis) snarare än en tro som förmedlas av och genom andra. Under vår andliga mognadsprocess hungrar vi efter kunskap.

Medan Sofia drog sig tillbaka och väntade, förblev dock själens luttring och rening – sann utveckling - under hennes överinseende. Man fortsatte att sträva efter kunskaper, dolda i rationella fakta, men inte i den form som omfattade mysteriet som en djup inre kunskap. Vi bör komma ihåg att ett mysterium inte är det samma som en hemlighet. En gång yppad är hemligheten känd för alltid. Ett mysterium uttrycker sig så småningom, bit för bit. När vi stöter på det om och om igen, tränger sig mysteriet gradvis in i vårt väsen. Det blir till en djup insikt som består av både insikt och känsla. Vi blir ett med det, och det är ett med oss.

De första nio kapitlen i Ordspråksboken handlar om Sofia, där hon omtalas som "visdom", ett begrepp som bibelöversättare brukade beslöja hennes kvinnliga natur med för oinvigda. I en tid av växande maskulin makt och allt mindre inflytande från gudinnor tjänade denna enkla förändring intellektualismens och materialismens syften. I Kapitel 3: 19–18 får vi rådet: "I sin högra hand har hon långt liv, i sin vänstra rikedom och ära. Hennes vägar är ljuvliga att gå, alla hennes vägar är trygga. För dem som håller sig till henne är hon ett livets träd, lycklig den som håller fast vid henne."

I vår tid gryr en ny dag i mänsklighetens liv när Sofia väcker oss inför hennes gudomliga beröring. Vad kommer att hända med oss när vi möter det Gudomligt Kvinnliga? Delar av oss inser att vi kommer att förändras för alltid. På denna uppåtstigande väg utmanar vår resa vår lägre natur. När vi bestämmer oss för att följa hennes uppmaningar, kommer Sofia att vägleda mänsklighetens inre upptäckter - både individuella och kollektiva.

Idag när vi vågar se tillbaka på det förgångna finner vi spår av heliga Sofia som bevarats i bibeltexter, i andliga lagar och i naturens värld. Vi fortsätter med att hedra det feminina när vi inser att var och en av oss utgör en del av den kollektiva världssjälen. Det faktum att varje människa har både maskulina och feminina sidor är nytt för vissa men välbekant för studiet av gudomlig psykologi. Det gäller idag för mänskligheten att hitta ett balanserat uttryck för sina möjligheter, när den återupptäcker ett riktigt förhållande till det andliga. När vi lyckas med detta, kommer vi att bli sant mänskliga och sant gudomliga.

När vi nu stiger in i denna tid av återupptäckande kommer kristna traditionalister att bli rädda för vad de betraktar som återkomsten av kätterska villoläror. För länge sedan började grekiska teologiska ord som *logos, agape, koinonia*, att användas i kristet språkbruk, men Sofia utelämnades. Hon återkommer i vår tid eftersom vi först nu är mogna att uppleva henne. Vi håller på att vakna upp för inre erfarenheter och en visdom som länge varit fördold.

För de som längtar efter att lära känna och älska Kristus på ett mer holistiskt sätt, introducerar Sofia kvinnliga insikter att föras samman med Kristus som den älskande läromästaren. Kristuskärlek och Sofiavisdom blir ett, och på så sätt känner vi KristoSofia som den sanna grunden. Sonen och dottern (i Trinosofia) blir erkända.

Av urgamla hermetiska principer (ur *Kybalion*) kan vi lära oss att: "Genus finns i allting; allting har sina maskulina och feminina principer; Genus visar sig på alla plan...allt är maskulina och feminina energier i verksamhet": skapande, alstrande, återskapande. (sjunde hermetiska principen ö.a.) Att respektera genuslagarna hjälper evolutionen - bristande respekt ger upphov till förstörelse.

Hindret vi nu möter är att Gud genusbestämts. Efter att så länge ha uppfattat Gud som manlig och allenarådande, kanske vi nu måste använda en mer profetiskt svävande ton för att få en mer komplett bild. Symbolism används av konstnärer, målande uttryck används av poeter, uttryck som närmar sig gränsen för vad vi kan ta till oss används av mystiker. När man erkänt sådana beröringar som gudomliga har man ofta iklätt dessa varseblivningar i ett "Gud sade". De som tyr sig till doktriner och dogmer utmanas kraftigt av dessa idéer eftersom de, precis som den Heliga skrift, kan bli motsägelsefulla. Detta är en del av svårigheten i att förstå Sofia. Hon kommer till oss på vägar som är individuellt anpassade för att ge oss det som vi förmår bära för tillfället. Skrifterna i Ordspråksboken, Salomos Vishet och Salomos Sång hjälper oss att återställa balansen i vad som har varit en ensidigt maskulin beskrivning av Gud i den kristna traditionen.

När en personlig relation byggs upp, föder hennes närvaro fram det nya i oss: Kristus i oss, hoppet om vår härlighet – inte bara i fråga om frälsning utan även vad gäller medvetandet om visdomen. Ett modernt uttryck för en sådan kärleksvisdom är Kristusmedvetande. Sofia ger oss en större förståelse för universum, för oss själva och för den gudomliga planen.

Sofia växer fram inom oss som intuitiv visdom. Hon tränger in i vårt medvetande när vi söker efter eller grubblar över något. Man kan likna henne vid en aha-upplevelse. Hon älskar att hjälpa oss att förändra gamla förstelnade föreställningar när vi vågar välja mellan det kända och det okända bland vardagslivets olika möjligheter. Sofia manar oss att söka den högre visdom som läker splittringar. Hon hotar inte; om vi ignorerar henne, drar hon sig bara tillbaka och väntar. Hennes sätt -den inre kunskapen - är subtilt och skört, men vi känner hennes kraft och styrka när hon ger sig till känna.

Det Gudomligt Kvinnligas främsta uppgift är att få oss att bli medvetna om vår själs syfte och om vårt kollektiva gemensamma. Sofia fostrar barnet – mänskligheten – till andlig mognad. Vi är stöpta i maskulina mysterier; och de har fullfört sin uppgift. Vi är nu medvetna, rationella och utvecklas intellektuellt. Men vi har också kommit ur balans. Precis som fågeln flyger med båda vingarna måste mänskligheten respektera båda sidorna. Vi har lärt oss att analysera, värdera, kalkylera, multiplicera, dela och beräkna. Våra förmågor sträcker sig över hela jorden och ut i rymden. Vi producerar, tävlar, uppnår, och bemästrar varandra på en yttre nivå, men vi är odugliga vad gäller vårt andliga själv, vår sanna natur och dess gåvor. Vi producerar, konkurrerar, uppnår uppsatta mål och styr varandra i det yttre, men vi är okunniga om våra högre jag, vår sanna natur och dennas förmågor. Vi får inte upphöra att ställa väsentliga livsfrågor, annars kommer vi att sjunka ner i och förgås av okunnighet.

Det kan kännas stötande att säga att vi är okunniga när vi verkar ha nått en höjdpunkt vad gäller mänskliga landvinningar. Men för de yogis, mystiker och helgon som känner Gud, framstår vi som oupplysta, sjuka, primitiva; vi befinner oss i krig, lider av ensamhet och isolering, är oförmögna att skapa oss en värld av hopp och glädje för alla människor. Vi är mindre än de gudar som Bibeln lovade att vi skulle bli. Vi måste helt enkelt tänka om på många områden vad gäller mänskligt liv.

Sofia längtar efter att förenas med sina barn. Hon kallar på oss och manar oss att skapa bra relationer till varandra. Vår världsåskådning med sina nuvarande föreställningar och mätinstrument är långsam med sitt svar. Vetenskapen frågar: ”Finns det bevis för detta?” Matematiken frågar: ”Hur kan detta kvantifieras?” Politiker kan inte lita på sig själva utan opinionsmätningar. Men Modern erbjuder oss ett intelligent hjärta, och bekräftar för oss att det måste finnas en mer upplyst väg.

Den sedan länge utlovade Nya Tidsåldern kommer att återuppbyggas på Trinosofias fasta grund när vi söker och ber Sofia/ Visdom/ Gnosis att leda oss mot nya oprövade stigar.

INLEDNING

Robert A. Powell

Som svar på mångas förfrågan, trycks de tre föredragen i den *Allraheligaste Trionosofia* återigen. Den nya utgåvan inkluderar en utökad version av föredraget "De tre andliga ledarna" som hölls vid grundandet av Sophia Foundation i Kalifornien under de Heliga Nätterna 1994–1995. Den innehåller även en del av vad den ryske mystikern och poeten Daniel Andreev (1906–1959) skrev om det Gudomligt Kvinnliga i sitt stora verk *The Rose of the World*. Dessa ord av Daniel Andreev har lagts till efter att hans änka, Alla Andreev, och Daniels Andreevs välgörenhetsstiftelse i Moskva givit sitt vänliga tillstånd. Jag hade privilegiet att träffa Alla Andreev på en kryssning på Volga under sensommaren 1996. En Sofia-kongress, organiserad av Daniel Andreevs välgörenhetsstiftelse och den ryska tidningen *Urania* för att uppmärksamma den store mystikern och poetens 90-års dag, ägde rum på båten. Med tanke på detta möte under kongressen känns det högst passande att föra fram Andreevs arbete med det Gudomligt Kvinnliga. Detta hade namnet "The Path to Sophia: the Stream of Tradition and New Inflows". Den ger också tillfälle att rikta uppmärksamheten till detta verk av den verkligt originelle och moderna ryske sofiologen, vars verk har publicerats på engelska av Lindisfarne Press.

Precis som hans företrädare, den ryske mystikern och poeten Vladimir Solovjev (1853–1900), skådade Andreev den gudomliga Sofias gradvisa närmande till Jorden. Med Solovievs ord, översatta från hans poem "Det Evigt Feminina":

21

*Låt detta bli känt: idag stiger det Evigt Feminina
ned till Jorden i en oförstörbar kropp.
I det oförgängliga ljuset från den nya Gudinnan
har himmelen blivit ett med djupen.*[1]

Under sin livstid, hade Soloviev tre visioner av det Eviga
Femininas framträdande. Han kallade henne Sofia. Andre-
ev hänvisar emellertid inte till Sofia utan till Zventa Sven-
tana ("den Heligaste av det Heliga"). Han såg henne stiga
ner från himlarna, och närma sig Jorden för att öppna "the
Rose of The World" som en kraftfull stimulans för mänsk-
ligheten och för kulturell utveckling. Hans beskrivningar av
denna händelse har ibland jämförts med Dantes. (1265–
1321). För Dantes beskrivning av paradiset i den tredje och
sista delen av *Divina Comedia,* kulminerar med en vision av
den Himmelska Rosen med Jungfru Maria i dess mitt. I And-
reevs version är det som om denna Himmelska Ros har stig-
it ned från Himmelska Höjder för att komma närmare
Jorden. Eller uttryckt på ett annat sätt: Zventa Sventana
stiger ner från ovan ner mot Jorden för att skapa the Rose
of the World i de eteriska regioner som gränsar till den.
Andreev talar om en inkarnation av Zventa Sventana – inte
i köttet, utan i eterisk form – som skall komma att ha en
utomordentlig betydelse för mänskligheten och all mänsklig
kultur. Han placerar denna inkarnation till "en av de främsta
städerna i kulturernas kultur." I andra delar av Andreevs
the Rose of the World är det tydligt att han har en himmelsk
stad i åtanke som hör till kulturernas kultur i det "Heliga
Ryssland" en föreställning om en högre, översinnlig form av
Ryssland, ett slags arketypiskt Ryssland. Härifrån kommer
"the Rose of the World" att grundas och sprida sig i ringar

genom alla länder.[2] Nu kan vi fråga oss, finns det någon substans i Andreevs vision?

Det är möjligt att hitta ett svar om vi närmar oss och allvarligt begrundar några av Rudolf Steiners (1861–1925) uttalanden. I sina beskrivningar av världsutvecklingen, talar han om kulturepoker, var och en på 2160 år, under vilka de viktigaste kulturimpulserna strömmar från särskilda regioner och områden på jorden. Till exempel blomstrade den första civilisationen för tusentals år sedan i Indien. Denna efterträddes sedan av den persiska kulturen, då Zaratustra spelade en sådan viktig vägledande roll. Denna följdes i sin tur av den egyptiska och kaldeiska civilisationen. Deras nedgång skedde samtidigt med de grekiska och romerska kulturernas uppgång. Senare kom samhällsutvecklingen allt mer att ske i Europa. Det är på detta stadium vi för närvarande befinner oss. Europeisk kultur har skapat och haft inflytande på hela den civiliserade världen.

Av ovanstående uppstår en bild av civilisationers uppgång och fall, ett fascinerande mönster av impulser som väver in i varandra och som fortsätter in i framtiden. Steiners skarpa klarseende krafter såg två framtida civilisationer växa fram ur dagens europeiska kultur. Han såg nästa civilisation följa på den europeiska och uppstå i Ryssland; och därpå slutligen en blomstrande amerikansk andlig kultur. Utan att ha beskrivit närmare hur "the Rose of the World" skulle gestalta sig i det Heliga Ryssland, lokaliserade han emellertid den plats där nästa centrum för andlig utveckling skulle äga rum till Ryssland och de andra slaviska länderna. På det sättet stödjer Steiners uttalanden om framtida kulturutveckling huvuddragen i Andreevs visioner om "the Rose of The World". Och de stöds även på följande sätt:

Det framgår av Rudolf Steiners beskrivningar av evolutionen att något specifikt utvecklas i varje kulturepok. Till exempel handlar det om *abstrakt tänkande* hos grekerna och romarna. Detta i positiv bemärkelse som förmågan att se objektivt på, och sättet att avskilja tänkandet från, föremålet. Det är den förmåga som vaknade i det mänskliga intellektet i det antika Grekland och gav upphov till filosofin. I den europeiska kulturen uppstod ett *vaket medvetande,* d.v.s. utvecklingen av en ny nivå av självmedvetande kopplat till ett ökat medvetande om den omgivande världen. De olika genombrotten i Europa i vetenskap, konst, filosofi och religion som började i och med renässansen, är exempel på detta. Vi behöver bara påminna oss Decartes välkända uttalande: "Jag tänker, därför är jag", för att se att en ny nivå av medvetande började bära frukt i Europa och gick längre än grekernas och romarnas intellektuella form av tänkande. Uppkomsten av vetenskap och teknologi är ett uttryck för detta nya medvetande. Denna nya nivå som till att börja med uppstod i Europa spred sig över hela världen. Detta kommer att bana väg för nya förmågor i den rysk-slaviska kulturen i framtiden. Ett sätt på vilket dessa nya förmågor kommer att visa sig är genom en förhöjd och mer medveten känslonivå. För närvarande är känslolivet i allmänhet inte särskilt medvetet. Det är ovanligt att någon fylld av onda aningar, kan förklara eller komma till fullt medvetande om vad som bekymrar dem. Detta kommer att förändras i den rysk-slaviska epoken. Det ryska folket, och detta gäller även större delen av de slaviska folken, är de "stora kännarna, känslomänniskorna" precis som européerna är de "stora tänkarna" och de amerikanska folken kommer att vara de "stora görarna, viljemänniskorna". När den avlägsna framtida amerikanska andliga kulturen kommer att blomstra, kommer det att vara viljan, viljelivet, och den medvetna riktningen av viljeaktiviteter, som kommer att vara det största kännetecknet.

Den latenta förmåga som successivt kommer att framträda hos de ryska och slaviska folken är ett högt utvecklat känsloliv, vilket om det förfinas, renas och förhöjs, kommer att ge upphov till en helt ny kultur. Denna nya kultur kommer att kännetecknas av broderlig, systerlig kärleksfullhet. Dess namn är enligt *Uppenbarelseboken* "Filadelfia", den broderliga, systerliga kärleksgemenskapen - och rosen är en underbar symbol för detta samhälle grundat på kärlek. "The Rose of the World" är en verkligt träffande bild för den framtida "filadelfiska" gemenskapen och det är den Gudomliga Sofia eller Zventa Sventana, som är "the Rose of the Worlds" själ. Hon är själva världssjälen.

Mot denna bakgrund kan vi se det Heliga Ryssland, den andliga arketypen för vad Ryssland bör bli, som besjälat av den gudomliga Sofia. Och det är förståeligt att den första kyrkan som byggdes på rysk mark var den Heliga Sofia Katedralen i Novgorod, år 1045. Rysk Sofiatradition, allt från ikonmålningar av den gudomliga Sofia till sofiologin med de stora rysk-ortodoxa teologerna under nittonhundratalet, Pavel Florensky och Sergei Bulgakov, framträder i nytt ljus. Rysk kultur, om den inte blir förvrängd och korrumperad, kommer alltmer att bli ett uttryck för Sofia. Framträdandet av "the Rose of the World" kommer att föra med sig allt tydligare yttringar av en sofiakultur som kommer att blomstra i Ryssland och andra slaviska områden, och därifrån påverka hela världen.

Allt detta förebådades på ett negativt sätt av kommunismen. Den bolsjevikiska revolutionen innebar en kraftfull motsats till sofiakultur, en anti-sofiakultur. Det obarmhärtiga, skoningslösa grepp som kommunismen tog om det ryska och andra slaviska ländernas folk var en förvrängning, en ond karikatyr, av vad som skall ske i framtiden. Det kulturella livet under kommunismen var den totala motsatsen till den kommande sofiakulturen "the Rose of the World". I stället för den blomstrande systerliga- broderliga kärleken, grundade sig kommunismens kultur på hat: hat mot det borgerliga. Och i stället för utvecklingen av hängivenhet, fromhet och kärleksfullhet som de latenta förmågorna hos den slaviska själen, hade Stalins regim för avsikt att krossa alla sådana känslor hos det ryska folket och dess grannar.

I och med Sovjetkommunismens fall vaknade det ryska folket upp från mardrömmen med de bolsjevikiska intentionerna. Emellertid hotade en ny fara, mardrömmen av en otyglad kapitalism. I vakuumet som bildades efter kollapsen av det kommunistiska systemet, strömmade en kapitalistisk- materialistisk kultur in, och det ryska folket var dåligt rustade att hantera detta. De behöver all den hjälp de kan få för att bringa sin egen sant ryska kultur att träda fram - vilken i ljuset från Daniel Andreevs vision är Sofiakulturen "the Rose of the World". En kultur framsprungen ur den ryska själen.

Den ryska själen! Att uppleva den ryska själen är fantastiskt! En vid ocean av känslor uppenbarar sig här, som komplement till det storartade tankelivet i den europeiska kulturen och det spirande viljelivet i den amerikanska kulturen. Essensen i den ryska själen är att den speglar, eller har potentialen att spegla, Sofias världssjäl. Men hur många i den ryska befolkningen är medvetna om detta?

Som tidigare nämnts var Rudolf Steiner medveten om detta, trots att han var österrikare, inte ryss. Hans uttalanden visar hän mot en sofiakultur i den ryska kulturepoken. Han uttrycker inte detta explicit, men det finns implicit i hans beskrivningar av de förmågor som skall utvecklas i den sjätte kulturepoken; den gamla indiska kulturepoken var den första, det gamla Persien var den andra och så vidare, såsom beskrivits tidigare. Steiner beskriver "inströmmandet av Manas" i den sjätte epoken, när han uttalar att "successivt förbereds mänskligheten för att kunna ta emot Anden, eller andesjälvet - Manas, i den sjätte kulturepoken". Enligt Rudolf Steiner är det hinduiska begreppet Manas detsamma som andesjälvet i människans själsled, vilket uppstår genom rening eller luttring av astralkroppen, bäraren av begär, drifter och instinkter. Han tillägger: "Denna renade, luttrade astralkropp...kallas i esoterisk kristendom den rena, kyska, visa Jungfru Sofia. Genom allt som lärjungen får genom katarsis, renas och luttras astralkroppen så att den förvandlas till Jungfru Sofia."[3]

Med andra ord, i evolutionens nästa fas, bortom den grekisk-romerska intellektuella kulturen och bortom den uppvaknande europeiska medvetenhetskulturen, kommer den gudomliga Sofia, Jungfru Sofia, att framträda i människan genom rening och luttring av astralkroppen. Därefter kan den mänskliga själen bli som världssjälen, Sofia. Detta är löftet i den rysk-slaviska kulturepoken, för vilken redan nu förberedelser görs.

Det är mot bakgrund av allt detta som följande ord av Daniel Andreev bör ses, om det Gudomliga Feminina i hans bok *The Rose of the World*. De tjänar som en utmärkt introduktion till de tre föredragen som inryms i *Allraheligaste*

Trinosofia, vilken beskriver de tre aspekterna av det Gudomligt Kvinnliga. Samtidigt belyser dessa föredrag Daniel Andreevs tankar om Treenigheten. De tre föredragen i *Allraheligaste Trinosofia*, följs av en "ett interludium", som en introduktion till "Det Gudomliga Kvinnligas Nya Framträdanden", som ursprungligen bygger på föreläsningen "De tre Andliga Ledarna", vilken tidigare publicerats men nu utvidgats för att här för första gången publiceras i sin helhet.

DET GUDOMLIGT KVINNLIGA
Daniel Andreev

En vag men ändå intensiv och bestående känsla för en Universell Feminin Princip har levt i kristendomen ända från gnostikernas tid fram till de kristna tänkarna på tidigt 1900-tal, en känsla av att den [feminina] Principen inte är en illusion och inte en projektion av människors indelning och kategorisering av det kosmiska, utan att det är en högre andlig verklighet. Det var tydligt Kyrkans intention att tillhandahålla en grund för denna känsla när den i öst gav sin välsignelse till Guds Moders kult, och i väst till Madonnans. En konkret bild uppstod emellertid, och omfamnades av människor som uttryck för deras spontana vördnad för den Moderliga Principen. Men den mystiska känsla jag talade om, känslan för det Evigt Feminina som en kosmisk och gudomlig princip, förblev utan gehör. Den tidiga dogmatiseringen av lärorna om Treenighet, när den förkunnades som bortom allt tvivel, placerade dem som drogs mot mystik i en icke avundsvärd position; för att undvika anklagelser om kätteri var de tvungna att kringgå den grundläggande frågan och inte ge fullt uttryck för sina tankar, ibland likställa det Universella Feminina med den Universella Kyrkan, eller till slut, att beröva Den Ende Guden ett av hans attribut, Visdom, och personifiera det som den Heliga Sofia. De högsta kyrkliga ledarna avstod från att ge en bestämd förklaring i frågan - och de kan inte klandras, eftersom tron på en Universell Femininitet inte kunde undgått att växa till tron på en Feminin aspekt av Gud, vilket skulle hotat att underminera den dogmatiserade tron vad gäller Personerna i den Heliga Treenigheten.[4]

Jag har mött många människor som är extremt sofisti-
kerade och intellektuella och otvivelaktigt besitter andliga
erfarenheter, och ändå har de blivit överraskade, till och
med upprörda inför själva idén av vad de uppfattar vara en
projektion av kön och mänskliga indelningar och kategoris-
eringar i allmänhet gällande högre världar och verkligheter,
även inför själva Gudsmysteriet. De ser här tecken på en
uråldrig tendens hos det begränsade människosinnet att
förmänskliga det andliga. Tillfälligtvis härstammar de isla-
miska invändningarna mot treenighet och mot Guds Moder
ur liknande (psykologiska) källor. Det är av samma anled-
ning som deismen och den samtida abstrakta kosmopol-
itiska monismen så skarpt motsätter sig tron på Treenighet,
på hierarkier, och naturligtvis på det Evigt Feminina. Märk-
ligt nog och nästan löjeväckande har de anklagelser om pol-
yteism som Muhammed riktade mot kristendomen för
trettonhundra år sedan återupprepats.

Sådana anklagelser har sina rötter antingen i en förenklad
förståelse av kristen tro eller i en ovillighet att tränga djup-
are in i frågan. Det har inte funnits någon mänsklig projek-
tion av mänskliga indelningar av det Gudomliga i historisk
kristendom, ännu mindre i "the Rose of the Worlds" världs-
åskådning, utan någonting som i princip varit raka mot-
satsen. Ingen ifrågasätter naturligtvis Guds enhet. Det skul-
le vara naivt att här misstänka någon för en återgång till
Cartago, Ur eller Heliopolis. Treenigheten är skilda uttryck
för Guds essens. Den handlar om hur Han uppenbarar sig
inför världen, inte om hur Han existerar i sig själv. Men
Guds yttre manifestationer är lika absoluta i sin realitet som
Hans existens i sig själv. Därför bör treenigheten inte på
något sätt tas för illusion eller villfarelse.

När Han manifesterar sig i det yttre, uppenbarar Gud sin inneboende inre polaritet. Essensen av denna polaritet inom det Gudomliga är för oss översinnlig, men vi erfar de yttre manifestationerna av essensen som polariteten av två principer som dras till varandra och som inte kan existera utan varandra, evigt och tidlöst förenade i skapande kärlek och som för fram den tredje och fullbordande principen: Sonen, universums grund, Logos. Det Gudomliga behåller denna inneboende polaritet när det strömmar in i universum; det genomtränger allt andligt och materiellt i universum. Det manifesterar sig i skillnaden mellan manligt och kvinnligt. Jag vill betona att det här manifesterar sig på detta sätt, men Gudomens polaritet som grund för denna skillnad kan inte förstås enbart i sig självt, i sin essens.

Det är därför vi kallar det Gudomligt Kvinnliga för Logos Moder, och genom Honom, hela universums Moder. Men den eviga föreningen mellan Modern och Fadern förändrar inte Hennes tidlösa essens. Det är på grund av detta som vi kallar Världarnas Moder för Jungfrumodern.

Därför kan man inte urskilja någon projektion i lärorna om Treenigheten och om den feminina kvinnliga aspekten av det Gudomliga, i tänkandets kosmiska område; att det skulle vara "alltför mänskligt". Lärorna representerar tvärtom en intuition av den objektiva polariteten – det kvinnliga och det manliga – på vår nivå som en projektion av den översinnliga polariteten inom Guds essens.

"Gud är Kärlek", sade Johannes. Sekler kommer att passera, sedan eoner, sedan bramfaturas och galaxer, och var och en av oss kommer förr eller senare att nå Pleroma – gudomlig fullkomlighet - och komma in i det älskade hjärtat, inte längre endast som barn, utan även som en gudomlig broder. Alla minnen av vår nuvarande tro beträffande det Gudomliga kommer att försvinna ur vårt medvetande som bleka, matta skuggor som vi inte längre har någon användning för. Men även då kommer sanningen att Gud är Kärlek att bestå. Gud älskar inte sig Själv (detta vore hädelse att påstå) men var och en av de "Översinnligheter" som är inom Honom riktar sin kärlek till den Andre och i den kärleken föds en tredje: Universums Fundament. Sålunda, Fadern – den Jungfruliga Modern – Sonen.[5]

DEN ALLRAHELIGASTE TRINOSOFIA

Tre föredrag hållna i Rudolf Steinerskolan i Tremadoc, Norra Wales 24–26 augusti 1989.

Dessa tre föredrag hölls vid en konferens ägnad att få en djupare förståelse för Kristi återkomst. De hölls två gånger trettiotre år efter att Rudolf Steiner hade hållit föredrag i Pennaenmawr, i Norra Wales 19–31 augusti 1923. De tre föredragen skrevs ner som anteckningar av en av deltagarna, som därefter gav ut dem i läsbart skick i sin helhet. Allt gicks senare igenom av föredragshållaren, och där det var nödvändigt ändrades eller utvidgades texten, medan föredragshållarens stil bibehölls, vilket innebär att fotnoter och referenser har begränsats till ett minimum. Låt oss till att börja med begrunda följande ord, uttalade av Rudolf Steiner:

"När vi nu bestiger dessa kullar och stöter på druidstenarna, som är monument över dessa gamla tiders andliga strävanden, kan det varna oss att längtan hos dessa gamla tiders människor, de som på sitt sätt sökte den kommande Kristus, kommer att uppfyllas endast när vi på nytt har kunskap om anden, genom det andliga skådande som är vårt sätt att söka hans återkommande. Ty Kristus måste återkomma. Endast så kan mänskligheten lära känna honom i andlig gestalt, såsom han en gång blev känd i kroppslig gestalt när han genomgick mysteriet på Golgata."[6]

(Rudolf Steiners slutord i sista föredraget i Penmanmawr den 31 augusti 1923)

FÖRSTA FÖREDRAGET: INLEDNING

Kära vänner! Målet med detta tredagarsmöte här i Tremacoc kan beskrivas som ett försök att ta upp dessa ord; att försöka få kunskap om huruvida druidernas kommunion med den andliga världen kan förbindas med den upplevelse av Kristi återkomst i det eteriska som beskrevs av Rudolf Steiner.

Intrycket av druidmysteriernas verkande framställde Rudolf Steiner i en pastellskiss kallad *Druidstenen*. Denna skiss visar hur de strömmande solkrafterna strålar ner på stenarna och hur druidprästen förmedlar dessa krafter. De tolv stenar som utgör druidstenringen i Penmanmawr är en yttre manifestation av den tolvbladiga lotusblomman, hjärtcentrat. Det är hjärtat som kan varsebli solens mysterium och druidprästerna använde dessa solkrafter på ett positivt sätt; de ingöt harmoni bland naturens elementarväsen.

Kristi återkomst i det eteriska har lika stor betydelse för naturrikena som den har för mänskligheten, då ett nytt förhållande till elementarväsendena och även ett läkande, helande av dem är möjligt, om människor tar upp den nya Kristusimpulsen. Vi kommer att vara särskilt upptagna av denna aspekt av Kristi återkomst under dessa dagars föredrag och samtal.

Hur kunde druiderna bringa elementarväsendena harmoni? Så som hjärtats andliga organ, den tolvbladiga lotusen, är besläktad med solen, solsystemets "hjärta", så är den fyrbladiga lotusen, det så kallade rotcentrat, förbunden med månen. Den ockulta symbolen för den fyrabladiga lotusen är korset, eller hakkorset, swastikan. I Rudolf Steiners skiss "Druidstenen" ser vi swastikan avbildad. Detta var naturligtvis innan missbruket av denna symbol under "Tredje Rikets" tid. Vad föreställer denna skiss?

Den visar druidprästens "solinvigning" via den tolvbladiga lotusen och likaså hans bruk av månkrafterna via den fyrbladiga lotusen. Under ledning av hjärtats solkrafter blev månkrafterna harmoniskt styrda att reglera elementarväsendenas verksamheter i naturen. Nu i vår tid, med Kristi återkomst som har särskild betydelse för alla naturens väsen, måste en metamorfos av druidernas "solinvigning" finnas, där människan åter kallas att spela en roll i strävan att befria naturen ur hennes bojor. Det är frågan om förlösandet av Moder Natur. Men innan vi börjar se på detta mer detaljerat, låt oss försöka få ett historiskt perspektiv.

Olika andliga väsens öden är förbundna med Kristi återkomst och ett sätt att utröna deras förhållande till denna tilldragelse är att se på deras "biografier", så som de visar sig genom mänsklighetens syn på dem genom historiens lopp. I Johannesevangeliets första kapitel beskrivs tex Kristus som "Logos", Ordet. Logos var inte ursprungligen ett judiskt begrepp. Det var en term som först användes av den grekiske filosofen Heraklitos från Efesos på 400-talet f. Kr. Idén vidareutvecklades av de stoiska filosoferna under de tredje, andra och första århundradena före Kristus och överfördes sedan till Philo, som levde i det judiska samhället Alexandria. Det var förmodligen genom denne Philo från Alexandria, som var samtida med Kristus, eller en besläktad judisk källa, som Johannes först blev bekant med begreppet "Logos". I Heraklitos lära är Logos "den Evige" genom vilken allting skapades, och som symboliseras av elden.

Ett annat väsen som Philo talade om är Sofia. Sofia var väl känd i den judiska traditionen. Vi finner henne omnämnd av Salomon, tex i Ordspråksboken, där hon beskrivs som världens medskapare genom skapelsens sju dagar. Men den levande kunskapen om Sofia försvann praktiskt taget, på grund av de tidiga kyrkofädernas misstolkningar av hennes väsen. Kunskap om Sofia måste komma i dagen igen i detta århundrade, i synnerhet genom antroposofin, och en sann kunskap om detta väsen är central för en meningsfull förståelse av Kristi återkomst.

Sedan Golgatamysteriet har en varseblivning av Sofia hållits vid liv här och där -genom mystiker som Augustinus och Hildegard av Bingen - och något av detta lever vidare, särskilt i den rysk-ortodoxa kyrkan. Men nyligen har Vladimir Soloviev i öst och Rudolf Steiner i väst gjort mycket för att öppna en ny förståelse för Sofia och hennes sätt att verka i vårt århundrade. Den ryske filosofen Vladimir Soloviev ses som sofiologins grundare i öst och Rudolf Steiner är antroposofins grundare i väst. Vi skulle kunna säga att vad som "klingade" i öst genom Soloviev, "formades" i väst genom Rudolf Steiner. Här är det intressant att lägga märke till att Soloviev dog år 1900 och att det var vid den tiden Rudolf Steiner offentligt trädde fram som andlig lärare. Viktigast för oss att hålla i minnet, med anledning av temat för vårt möte tillsammans, är att Rudolf Steiner beskrev antroposofin som en förberedelse för Kristi återkomst. Hur kan vi förstå Sofia i förhållande till detta? Här kan vi få hjälp av några tankar från Valentin Tomberg, framtagna ur anteckningar av föredrag han höll i denna del av Norra Wales, i Bangor augusti 1938:

"Druidkulturen förkroppsligade ett upphöjt själsliv. De tolv stenarna i druidringen var yttre representationer av den tolvbladiga lotusblomman. Druidprästerna varseblev solmysteriet genom hjärtat. De hade en hjärtats esoterik, därför skrevs den aldrig ner. Bara stenarna finns kvar, ty själen är död. Själens återuppståndelse är återupptäckandet av Sofiaväsendet."[7]

Hur och varför "dog" Sofiaväsendet för det mänskliga medvetandet? För att besvara detta, låt oss återvända till den judiske filosofen Philo, som skrev både om Logos och Sofia. Philo förklarade skapelsen på följande sätt: Gud - Jahve – skapade Sofia. Hon är hans Dotter, skapelsens början. Tillsammans med henne skapade han Alltet, kosmos. Därigenom blev Sofia – visheten – skapelsen Moder, ty Jahve frambringade skapelsen genom henne. Kosmos är därför Sonen, vars Fader är Jahve och vars Moder är Sofia.

Under inflytande av grekisk – framför allt stoisk – filosofi, identifierade Philos kosmos med Logos och kallade kosmos som idé för Logos *noetos*, och kosmos synliga form för Logos *aishetos*. Men dessutom överförde han många av Moderns, Sofias, egenskaper till Sonen, Logos.[8] På grund av att Philos framhöll Logos sofianska egenskaper förväxlades så småningom Sofia med Logos. Det var denna felaktiga identifiering av Sofia och Logos, som bidrog till att Sofia praktiskt taget försvann ur det mänskliga medvetandet. Att en sådan förväxling var möjlig kan vi förstå om vi begrundar följande två satser:

HERREN skapade mig såsom sitt förstlingsverk...
(*Ordspråksboken 8:22 – Sofias egna ord*)

I begynnelsen var Logos (Ordet), och Logos var hos Gud...
(*Johannesevangeliet 1:1*)

Låt oss nu se på de kyrkofäder som identifierade Sofia med Logos – mycket på grund av dessa två satser.

Origenes skrev "Kristus är Logos; Guds, vår Faders, högsta visdom (Sofia)."[9] Här är det uppenbart att Origenes identifierade Sofia som Logos. Samma sak kan sägas om Epiphanus, som skrev "Guds visdom, den enfödde Guden Logos" Att identifierandet av Sofia som Logos även ledde till en viss förvirring bland de tidiga kristna visar följande ord av Paulus av Samosata:"Om Guds son, Jesus Kristus, är Sonen och Sofia, Hur är det då med Sofia och Jesus Kristus? Finns det två Söner?"

Situationen blir ännu mer invecklad genom att en del tidiga kristna tänkare identifierar Sofia som den Helige Ande. Theophilus av Antiokia tex, skrev "Innan allting annat frambringade Faderguden ur sig själv Logos och sin egen Sofia". Theophilus såg skapelsens tre första dagar som en bild för 'Treenigheten; Gud, hans Logos och hans Sofia." Irteneus tänkte likadant; i sitt verk "Mot kätterierna" skrev han om "Sonen och den Helige Ande, d.v.s. Logos och Sofia"

Medan identifierandet av Sofia som den Helige Ande inte fick någon utbredning och därmed knappast spelade någon roll i kristendomens historia, blev identifierandet av Sofia som Logos vida accepterat och spelade en huvudroll i den första kyrkostriden, det s.k. "arianska kätteriet". Detta var den strid som uppstod på 400-talet e. Kr. mellan Arius och Atanasius, om Sonens förhållande till Fadern. Arius vidhöll att "Sonen är en skapelse, väsensskild från Fadern". Till stöd för detta hänvisade Arius till Ordspråksbokens sats om Sofia: "Herren skapade mig såsom sitt förstlingsverk..." På detta svarade Atanasius:

Det är helt enkelt inte rätt att kalla Guds Son en skapelse. Även vi har lärt oss att riktigt läsa stället i Ordspråksboken. Det är skrivet: "HERREN skapade mig såsom sitt förstlingsverk..." Här måste man söka den dolda betydelsen för att uppenbara den riktiga meningen.... Om detta ställe skulle hänföra sig till en ängel, eller något annat skapat väsen, skulle det vara rätt att använda uttrycket "Han skapade mig som en av Guds skapelser. Här är det emellertid Guds Sofia, i vilken alla skapade ting har gjorts, som talar om sig själv. I detta fall måste man tänka annorlunda; här betyder orden: "Han skapade" ingenting annat än "Han framfödde"[10]

Det är först nu, genom en ny förståelse av Sofia, framför allt genom att skilja mellan Logos och Sofia, som bakgrunden till det arianska kätteriet verkligen kan begripas. Det faktum att Arius identifierade Sofia som Logos, tillsammans med det citerade stället i Ordspråksboken, ledde honom att dra slutsatsen att Kristus, Logos, är ett skapat väsen. Atanasius försökte bevisa att Logos var framfödd, inte skapad, men han var hindrad från första början genom att även han såg Sofia som Logos. Hur mycket enklare hans uppgift hade varit om han kunnat skilja mellan Sofia och Logos! Då striden mellan Arius och Atanasius grep hela kristenheten etablerades identifikationen av Sofia som Logos i den tidens teologi, alltså 400-talets.

Som tur var dog inte kunskapen om Sofia, som spelat en stor roll i den judiska traditionen, Gamla Testamentet, helt och hållet. En viktig gestalt som hjälpte till att hålla intresset för Sofia vid liv var Augustinus, trots att även han såg Sofia som Logos. Detta för att Augustinus hänvisade till två Sofior: Saphienta Increata – "oskapad vishet" - och Saphienta Creata – "skapad vishet". Precis som Origenes och Atanasius såg han Sofia som Saphienta Increata Logos, Guds Son. Men i Sofia som Saphienta Creata såg han "Vår Moder, brud åt Sion, det himmelska Jerusalem", vilken han ägnade uppmärksamhet i sina verk "Bekännelser" och "Meditationer". För Augustinus är "den Skapade Sofia ett väsen som – genom kontemplation av ljuset – är ljus." Hon är "den mest välsignade, den högsta skapelsen, den största av alla skapade väsen". [11]

700 år efter Augustinus levde Hildegard av Bingen, en av medeltidens största visionärer. Bland hennes många visioner var en serie av dem av Sofia. Dessa avbildade hon som målningar i sina verk "Scivias" och "Liber divinorum operum" – "Bok om Guds Verk". En del av målningarna visar Sofia från Gamla Testamentets perspektiv, som Jahves Sofia, medverkande i skapelsen och världens Moder. Andra bilder visar henne från Nya Testamentets synvinkel, som Maria Sofia, lammets brud och kyrkans Moder.

Hildegard av Bingens sofiavisioner är ganska okända. Tämligen välkända är däremot de sofialäror som kom från Jakob Boehme, som föddes 400 år efter Hildegards död. Ja, på grund av dem är Jakob Boehme känd som "sofiologins fader" i väst, som Vladimir Soloviev ses som "sofiologins fader " i öst. Precis som Soloviev, som den gudomliga Sofia visade sig för tre gånger, så visade sig Sofia för Jakob Boehme:

Hon gav mig sitt sanningsord då hon framträdde för mig, att hon ville förvandla all min sorg till stor glädje. Då jag låg på berget närmade sig midnatten.... Och alla stormar for över mig. Hon kom för att ge mig tröst, och för att viga sig till mig.[12]

Boehme skildrar denna mystiska upplevelse i sin bok "Tre principer" och i verket "Christosophia" skrev han ner " Den ädla Jungfru Sofias samtal med själen", där det framgår att hon är hans andliga vän och brud, hans andliga moder och lärare.

Vladimir Soloviev beskrev sina möten med Sofia i sitt verk "Tre möten". Det första, vid nio års ålder, var på Kristi Himmelsfärdsdagen år 1862 under mässan i den rysk-ortodoxa kyrkan i universitetskapellet i Moskva. Under förbönen erfor plötsligt pojken sig själv omgiven av azurblått ljus med strimmor av gyllene strålar som strömmade ner över honom. Och mitt bland dessa framträdde den gudomliga Sofia, hållande en blomma. Ungefär 13 år senare, i september 1875, hade han sitt andra möte med Sofia, under studier i British Museums bibliotek:

Plötsligt var allt fyllt av gyllene azurblått, och du var där i himmelsk strålglans; där såg jag ditt ansikte, blott ditt ansikte! Inom mig hörde jag budet "Var i Egypten!"[13]

Soloviev bokade då en resa till Kairo, där han bodde på ett hotell och började lära sig koptiska. En natt hörde han orden: "Jag är i öknen; du kommer säkert att finna mig där!" Han gav sig i väg ensam genom sanddynerna och där hade han sitt tredje möte med Sofia. "Idag kom min Drottning till mig i azurblått; mitt hjärta slog i skön extas." Dessa möten med den gudomliga Sofia, som Soloviev kallar sin "eviga vän", var av central vikt för hela hans liv. Det fyllde honom med kraft och brinnande iver för hans filosofiska och ekumeniska arbete. Soloviev och Boehmes möten med Sofia, vilka ledde till att båda blev "sofiologins fäder", en i öst och en i väst, speglar den förkristna sofiauppenbarelsen genom Salomo. Det var samma väsen, den gudomliga Sofia, som uppenbarade sig för Salomo, för Jakob Boehme, och för Vladimir Soloviev. Hos egypterna var detta väsen känt som Isis, och det är intressant att Soloviev leddes till den egyptiska öknen för sitt tredje möte med Sofia.

Vad känner vi till om den sofianska strömningen i öst? Medan Sofia, genom att hon identifierades som Logos, praktiskt taget försvann ur medvetandet i väst, fortlevde en känsla för henne i öst, särskilt i den rysk-ortodoxa kyrkan. Detta kommer till uttryck i olika ikoner, som tex ikonen av Sofia, den heliga visheten i St. Sofiakatedralen i Novgorod, vilken Soloviev ofta besökte. Solovievs sofiamystik och hans sofianska filosofi bidrog till att återupptända sofiaströmningen i öst. De ryska poeterna Andrei Belyi och Alexander Blok, och även de rysk-ortodoxa prästerna Pavel Florensky och Sergius Bulgakov, inspirerades av Soloviev att vända sig till Sofia.

I väst har en ny uppenbarelse av Sofia öppnats i vårt århundrade genom Rudolf Steiners antroposofi. Vid det nygrundade Antroposofiska Sällskapets generalförsamling i Berlin den 3:e februari 1913, höll Rudolf Steiner ett föredrag kallat "Antroposofins väsen", i vilket han beskrev hur Sofia, den gudomliga visheten, förenat sig med mänskligheten och under mänsklighetsutvecklingens lopp måste avskilja sig igen för att kunna framträda objektivt inför människan som antroposofi. "Detta är antroposofins väsen; att hennes eget väsen består av det som är människans väsen."[14]

För ungefär tretusen år sedan uppenbarade sig Sofia för Salomo. "Visheten har byggt sig ett hus, hon har huggit ut sitt sjutal av pelare" (Ordspråksboken 9:12). Sofia, den gudomliga visheten, skapades av Gud som skapelsens "plan", analogt med den plan som ritas ut av en arkitekt. I Rudolf Steiners antroposofi uppenbaras denna plan, skapelsens sju pelare, som utvecklingens sju stadier: Saturnus, Solen, Månen, Jorden, Jupiter, Venus, och Vulkanus. Detta är en sida - den kosmiska sidan - av de sju pelarna. Den mänskliga aspekten är att ett bestämt mänskligt väsensled är förbundet med varje stadium av utvecklingen: fysisk kropp, eterkropp, astralkropp, jag, andesjälv, livsande och andemänniska; grunden för den fysiska kroppen lades under saturnusperioden, den eteriska kroppens under solperioden o.s.v.

Vi kan alltså lära oss oerhört mycket om den gudomliga Sofia genom antroposofin. Men vi kan också lära oss mycket från den ryska sofiaströmningen. Till exempel antydde Pavel Florensky något av djup betydelse i sitt verk *Sanningens fundament och pelare,* kapitlet "Den Heliga Sofia". För Florensky är Sofia hela skapelsens rot och krona. Hon är "evigt skapad av Fadern genom Sonen och krönt i den Helige Ande."

Sofia deltar i den treeniga gudomlighetens liv; hon träder in i treenighetens sköte och lever med i den gudomliga kärleken. Men i egenskap av fjärde skapad (d.v.s. av annan substans) person "utgör" hon inte den gudomliga enheten, "är" hon inte kärleken, utan träder blott in i kärlekens kom-

munion, och tillåts göra detta genom Guds obeskrivliga, ogripbara, otänkbara ödmjukhet.[15]

Florensky fortsätter sedan att beskriva Sofias förhållande till var och en av Treenighetens personer i tur och ordning. Här berör han mysteriet med Sofias tre Aspekter:

Från Faderns synvinkel är Sofia idealsubstansen, skapelsens fundament, kraften i dess väsen. Om vi ser det från Ordets synvinkel är Sofia skapelsens orsak, dess mening, sanning eller rättvisa. Och till sist, från Andens synvinkel, finner vi i Sofia skapelsens andlighet, dess helighet, renhet och fläckfrihet, med andra ord dess skönhet.[16]

Florenskys lära om Sofias tre aspekter börjar närma sig greven av Saint-Germains esoteriska kristna lära om den Allraheligaste Trinosofia. Den Allraheligaste Trinosofia innefattar Modern, Dottern och den Heliga Själen. Modern är den sofianska motsvarigheten till Fadern, Sofia i förhållande till Fadern, Dottern är den sofianska motsvarigheten till Sonen, Sofia i förhållande till Logos, och den Heliga Själen är den sofianska motsvarigheten till den Heliga Ande, Sofia i förhållande till Anden. Kunskap om Modern, Dottern och den Heliga Själen levde i forntidens mysterier och nu, i det tjugonde århundradet, börjar sådan kunskap dyka upp igen i en kristen metamorfoserad form. I dessa tre föredrag skall vi i tur och ordning se på Modern, Dottern och den Heliga Själen.

MODERN

I det gamla Grekland var de eleusiska mysterierna ägnade åt Modern, Demeter, och åt Dottern, som grekerna kände som Persephone. Den Heliga Själen vördades som Athena, som förkroppsligade samhällsgemenskapens vishet och var Atens skyddsgudinna. Men ungefär samtidigt som kristendomen bredde ut sig och blev världsreligion dog de grekiska mysterierna ut. Sedan dess har Sofia, och därmed den Allraheligaste Trionosofia, som sagt praktiskt taget försvunnit ur det mänskliga medvetandet. Finns det en djupare bakgrund till detta?

I och med Kristi, Logos, inkarnation i Jesus började en ny epok. Vad öppnades genom Kristus Jesus? Han öppnade en ny väg till Fadern. Detta är kärnan i Kristi budskap till mänskligheten för två tusen år sedan: Genom Kristus till Fadern; genom Sonen till Fadern. Kristus uppenbarade Faderns mysterium: "Jag och Fadern är ett." Kristi Jesu centrala lära förkroppsligas i Herrens Bön, som riktas till "Fader Vår som är i himmelen." Och den väg Kristus visade leder till Fadern: "Ingen kommer till Fadern utom genom mig." Det är den väg som Kristus själv vandrade och som kulminerade i Himmelsfärden, hans uppstigande till Fadern. Denna väg ledde genom korsfästelsens stadier till uppståndelsen på påskmorgonen och, efter fyrtio dagar, till Himmelsfärden.

Vid uppståndelsen visade sig Kristus Jesus för Maria Magdalena i den heliga gravens trädgård och sade: "Rör mig icke, ty jag har ännu icke stigit upp till Fadern, men gå till mina bröder och säg dem att jag nu uppstiger till min Fader och er Fader; till min Gud och er Gud." Dessa ord gick i uppfyllelse genom Himmelsfärden, fyrtio dagar senare, torsdagen den 14:e maj år 33 e.Kr.[17] Kristus själv lärde alltså inte bara ut vägen till Fadern, visade inte bara på den som i bönen Fader Vår, utan gick den faktiskt själv, i och med Himmelsfärden. Detta är innebörden av Kristi ankomst för cirka två tusen år sedan, åtminstone i första hand, för det mänskliga medvetandet.

Och vad sker nu genom Kristi återkomst? Vid den första ankomsten öppnade Kristus vägen till Fadern. Nu, i och med återkomsten, öppnar han vägen till Modern. Genom detta kan vi förstå mycket av det som just nu händer i världen, som tex det utbredda uppvaknandet inför Moder Jord, en ny impuls av omsorg för Moder Jord.

Nu kan vi börja se något av betydelsen av att träffas i denna del av Norra Wales, som var ett centrum för den gamla druidkulturen. För druiderna vårdade Moder Jord; de styrde de kosmiska krafterna så att de verkade harmoniserande på naturen. I vår tid uppstår en metamorfos av druidmysterierna, och ett nytt förhållande till Modern håller på att bli möjligt. Hur kan vi begripa det?

Förhållandet mellan människan och Moder Natur rubbades vid tiden för syndafallet. Inte bara människan drevs ut ur paradiset, utan även naturen föll. Modern steg ner i underjordens mörker; och de underjordiska sfärerna - som utgör "helvetet" - kom emellan Modern och människan. Den direkta förbindelsen mellan Fadern och Modern höggs också av. Men en ny förbindelse grundlades vid tiden för Golgatamysteriet genom Kristi nedstigande i helvetet. Den djupare innebörden av nedstigandet i helvetet har varit beslöjad tills nu och i stället har uppmärksamheten fästs vid Himmelsfärden, uppstigandet till Fadern. Nu i vår tid är nedstigandet till helvetet - eller snarare nedstigandet genom helvetet, till Modern – en nyckel till förståelsen av Kristi återkomst. Genom nedstigandet till helvetet i Golgatamysteriet återskapade Kristus kontakten med Modern. Han sådde ett frö i jordens sköte, fröet till förlösandet av Modern. I och med Kristi återkomst spirar detta frö och ett nytt nedstigande till helvetet äger rum.[18]

Detta är ett av de största mysterierna i vårt århundrade; öppnandet av helvetets portar. Atombombens kreverande i Hiroshima den 6:e augusti 1945 var ett yttre tecken på detta öppnande av helvetets portar, och början på Kristi nya nedstigande till helvetet. Andra världskriget var i grunden en andra korsfästelse som kulminerade i fällandet av atombomben. Men under detta andra världskrig, under denna mörka timme i mänsklighetens historia, förmådde en stor invigd, genom sin förbindelse med den återkommande Kristus, skapa någonting att lägga på den positiva vågskålen för mänsklighetens öde. Detta är bönen "Moder Vår", vilken har samma innebörd för Kristi återkomst som "Fader Vår" hade för Kristi första ankomst. "Moder Vår" är central för den väg som nu öppnas av Kristus till Modern, precis som för tvåtusen år sedan "Fader Vår" var den centrala läran given av Kristus till mänskligheten i och med öppnandet av vägen till Fadern. Från och med vårt århundrade kommer "Moder Vår" att få en tilltagande betydelse som en stor bön i kristendomen, i den nya tidsålderns kristendom; Återkomstens tidsålder. I och med "Moder Vår" återöppnas Moderns, Demeters, mysterier på ett nytt och kristet sätt.

Således har vi två kompletterande vägar; Himmelsfärden, vägen till Fadern, och Nedstigningen i Helvetet, vägen till Modern. Och vi har två kompletterande böner; "Fader Vår" riktad till Fadern i himmelen och "Moder Vår" riktad till Modern i underjorden.

Precis som Herrens Bön har "Moder Vår" sju satser, som kan ses i förhållande till de sju satserna i "Fader Vår" I den första satsen hänvisas till Moderns Namn. Grekerna kände henne, som sagt, som Demeter. I den andra satsen hänvisas det till Moderns Rike. Detta är det "förlorade riket", känt i österlandet som Shamballa. I den sjunde satsen hänvisar Sonens Gärning på Golgatamysteriet och i denna böns sammanhang särskilt på den aspekt av Golgatamysteriet som ända till nu har förblivit beslöjad; nedstigningen i helvetet för att befria och förlösa Modern. Detta kan ske med hjälp av de människor som tar upp Kristusimpulsen och blir "ljusets söner", som de kallas av Paulus i Romarbrevet, kap. 8 (i svensk översättning "Guds barn"):

Ty skapelsen väntar otåligt på att Guds söner och döttrar skall uppenbaras.[19] Allt skapat har lagts under tomhetens välde, inte av egen vilja utan på grund av honom som vållade det, men med hopp om att också skapelsen skall befrias ur sitt slaveri under förgängelsen och nå den frihet som Guds barn får när de förhärligas.

Vi är således kallade att utöva helig magi för förlösandet av naturen, detta är en kristen metamorfos av druidernas förkristna andliga verksamheter. Gör vi detta så ställer vi oss i en inre förbindelse med Kristi återkomst, som sker för Moder Jord och alla naturväsen likväl som för människor. Och bönen "Moder Vår"- för Moderns förlösande - förkroppsligar något av impulsen bakom den heliga magin, som är förbunden med Kristi återkomst. Att uttala "Moder Vår" från hjärtat är en handling av vit magi. I medvetande om detta, låt oss avsluta vår sammankomst denna kväll med "Moder

Vår", riktande vårt medvetande till Modern som så länge varit bortglömd och nu skall bli hågkommen:

Moder vår

Moder vår, du som är i jordens hjärta.

Må ditt namns helighet åter framstråla i vårt minne.

Må andetagen från ditt uppvaknande rike

värma alla vilsna vandrares hjärtan.

Må uppståndelsen av din vilja

beliva den eviga troheten

ända in i kroppslighetens djup.

Mottag idag det levande minnet av dig

från människohjärtan som ber dig

att förlåta skulden att ha glömt dig,

och vilka är redo att kämpa mot världens frestelse, som fört dig till jordens hjärta.

På det att Sonens gärning må lindra

Faderns omätliga smärta

genom frälsning av allt som är

från ditt tillbakaträdandes tragik.

Ty hemlandet är ditt,

och den oändliga visdomen,

och den allomfattande nåden,

för allt och alla i alltets krets.

Amen[20]

ANDRA FÖREDRAGET: DOTTERN

I förra föredraget betraktade vi moderaspekten av den Allraheligaste Sofia. Vi skall nu koncentrera oss på dotteraspekten. Som tidigare har sagts talar Johannes om Logos i sitt evangelium, och inte om Sofia. Men i Uppenbarelsebokens tolfte kapitel hänvisar han till Sofia: "Och ett stort tecken syntes på himlen, en kvinna klädd i solen och med månen under sina fötter och en krans av tolv stjärnor på sitt huvud"

Johannes hade alltså en vision av Dottern Sofia, den kosmiska jungfrun. De egyptiska hermetikerna kände till henne som Koré Kosmou, den kosmiska jungfrun. Hon är ett väsen som från kosmos verkar in i jordevolutionen, så som det kommer till uttryck i Johannes apokalyptiska vision.

När Rudolf Steiner talar om Sofia menar han för det mesta Dottern. I sina föredrag om sökandet efter den nya Isis, den gudomliga Sofia, beskriver han hur människor med hjälp av Sofia kommer att kunna skåda Kristus i andlig gestalt under loppet av vårt århundrade:

Det är inte på grund av något som händer av sig självt, utifrån, som Kristus kommer att kunna återframträda i sin andliga gestalt under det tjugonde århundradets lopp, utan genom att människor finner den kraft som representeras av den heliga Sofia. De senaste tidernas böjelse har varit att förlora just denna Isiskraft, denna Mariakraft, som har stampats ut genom det som uppstått i mänsklighetens moderna medvetande. Och de nyare konfessionerna har delvis utplånat perspektivet på Maria. I viss mån är detta den moderna mänsklighetens mysterium; att Maria-Isis i grund har dödats och att hon måste sökas på nytt, sökas i de vidsträckta himlarymderna med den makt som Kristus kan tända i vårt inre när vi på ett riktigt sätt ger oss hän åt honom[21]

Här är det tydligt att Rudolf Steiner talar om den kosmiska Sofia, det väsen som egyptierna kände som Isis. Det var samma väsen som talade genom Salomo och som inspirerade Israels folk. Sofias inspiration verkade särskilt på Israels kvinnor; hustrurna och mödrarna. Sofiaväsendet lät en impuls av öm kärlek och hängivenhet för barnen - varje kvinnas moderskärlek - strömma ner och hjälpte på så vis till med förberedelsen för det kommande Kristusbarnet. Detta var den stora uppgift som givits Israels folk; att bereda en kropp åt den kommande Messias. Den ömma kärleken till barnet som odlats av Israels mödrar, inspirerade av Sofia, spelade en stor roll i förberedelsen för Kristi inkarnation.

En del av gnostikerna under den kristna tidens första sekler hade en levande kunskap om Sofia, som de såg som Kristi syster eller ibland brud. Dessa gnostiker hade en förnimmelse av förhållandet mellan Kristus och Sofia – ett förhållande som går parallellt med Faderns och Moderns förhållande. Precis som Fadern i himmelen kompletteras av Modern, världsvarats livmoder (eng. "the matrix of existence"), så kompletteras Kristus av Sofia, den gudomliga visheten. Det närbesläktade och intima förhållandet mellan Logos och Sofia ledde till att en del av kyrkofäderna kom att se dem som samma väsen. Hur kan vi på ett klart och tydligt sätt begripa detta förhållande?

Som en utgångspunkt kan vi tänka på den kosmiska bilden av Kristusväsendet omgiven av de tolv lärarna (kända i österlandet som bodhisattvorna) som utgör den Vita Logen. Dessa lärare är de mänsklighetens ledare som då och då inkarnerar och för med sig nya andliga impulser. Ofta har de grundat nya religioner. Zarathustra tex, grundaren av den gamla persiska religionen, var lärare i den Vita Logen. Bakom dessa lärare verkar Sofia, den gudomliga visdomen, som förmedlar mellan Kristus och Vita Logens lärare. Dessa lärare, bodhisattvorna, förkroppsligar alltså den personifierade världsvisheten, Sofia, i sina gärningar som Kristi tjänare. I den kosmiska bilden av Kristus omgiven av de tolv lärarna kan man se Sofia som vävande mellan Kristus och bodhisattvorna. Det är i denna mening som Sofia är Kristi "systersjäl", "lammets brud" (för att tala med Uppenbarelsebokens språk).

Ser vi tillbaka på händelserna i Palestina för två tusen år sedan, på Jordandopet, så ser vi Kristus förena sig med Jesus. Detta innebar "konceptionen" av Kristus Jesus. De tre åren av Kristi gärning kan liknas vid en "embryonalperiod" avslutad med "födelsen" av den Uppståndne genom Golgatamysteriet. Kristi Jesu sista gärning före Golgatamysteriet var att upprätta ett kosmiskt mysterium, nattvarden. Här var Kristus i centrum för de tolv lärjungarna, speglande på jorden de tolv lärarnas krets där ovanför i den andliga världens Vita Loge. Nattvarden förkroppsligar Logosmysteriet. Strax efter Golgatamysteriet ägde en tilldragelse rum som förkroppsligar Sofiamysteriet, och detta var pingsthändelsen.[22]

Precis som Kristus inkarnerade i Jesus, så förenade sig Sofia med Maria. Denna förening kulminerar i pingsthändelsen.

Maria var den som bar Sofia, liksom Jesus var den som bar Kristus; den huvudsakliga skillnaden är graden av inkarnation. När alltså Kristus inkarnerade i Jesus så långt som till kroppens återuppståndelse, påsktilldragelsen, kulminerade Sofias inkarnation i Maria i själens återuppståndelse – Pingsten.

Sofias inkarnation i Maria är central i all sann sofiologi. Med den västliga "sofiologins fader" Jakob Boehmes ord:

Sofia var framför allt utvald och skickad att förena sig med Maria och att styrka henne, så att hon skulle kunna förmå att bli den inkarnerade Logos Moder, Hon inkarnerade i Maria; Maria är den inkarnerade Sofia[23]

Och med den store ryske1900-tals sofiologen Pavel Florenskys ord:

Sofia är jungfruligheten personifierad, d.v.s. den kraft som gör människan hel. Och den som par exellence bär denna jungfruliga kraft inom sig är Maria. Hon är därför "Sofia synliggjord", d.v.s. den inkarnerade Sofia.[24]

Höjdpunkten av Sofias inkarnation i Maria ägde rum vid pingsthändelsen. Här var de tolv apostlarna samlade tillsammans med Maria i nattvardssalen i Coenaculum på berget Sion. Det var vid gryningen söndagen den 24:e maj år 33 e.Kr., efter att de tillbringat natten tillsammans i bön, som den Helige Andes nedkomst ägde rum. Här var Maria centralgestalten så som Kristus Jesus var centralgestalten vid nattvarden. Vid nattvarden upprättades Logosmysteriet, speglande Kristus omgiven av den Vita Logens tolv lärare i den andliga världen. Vid pingsthändelsen speglades det sofianska mysteret – Sofia som förmedlare mellan Kristus och de tolv lärarna i den Vita Logen – av Maria omgiven av de tolv apostlarnas krets. Den Helige Andes nedkomst gjordes möjlig genom Sofias förening med Maria.

Genom denna tilldragelse blev apostlarnas själar uppfyllda, uppståndna till ärkeänglarnas sfär, en av Sofias verksamhetssfärer vid "hjärtat" av ärkeänglarnas kör, I Johannes vision är Sofia "klädd i solen" – solen är alltså det kosmiska hjärtat. Och apostlarnas hjärtan upphöjdes mot det kosmiska hjärtat. Plötsligt kunde de förstå de olika språken genom att, på ett själsligt plan, komma i beröring med ärkeänglarnas sfär. Pingsthändelsen innebar en själens återuppståndelse, ett övervinnande av den uppspaltning i skilda språk som själen förföll till i ett avlägset förflutet.

Genom Sofias förening med Maria, vilken nådde sin höjdpunkt vid pingsthändelsen, kom ett nytt väsen, Maria Sofia, in i tillvaron. Precis som ett nytt väsen blev till genom Kristi inkarnation - nämligen Jesus Kristus - så kan vi sedan pingst-högtiden år 33 e.Kr. tala om "Maria Sofia". Å ena sidan har vi utöver Faderns, Sonens och den Helige Andes treenighet Jesus Kristus som ett fjärde väsen i förhållande till Moderns, Dotterns och den Heliga Själens Allraheligaste Trinosofia. Jesus är den i människosläktet med vilken Kristus, treenighetens andra person, förenade sig och som därmed håller nyckeln till hur mänskligheten kan finna ett förhållande till den heliga treenigheten. På liknande vis är Maria den människa med vilken Sofia, Dottern, förenade sig; och därför håller hon nyckeln till hur mänskligheten kan finna en förbindelse till den Allraheligaste Trinosofia.[25]
Enligt Rudolf Steiners tidigare citerade ord behöver vi, för att finna Kristus i sin återkomst, finna den kraft som re-

presenteras av den heliga Sofia. Men detta är den moderna mänsklighetens mysterium, att Maria Sofia mer eller mindre har utsläckts ur det mänskliga medvetandet. Det är just Kristi återkomst, mänsklighetens centraltilldragelse i denna tid, som gör att Maria Sofia kan återfinnas. Detta innebär en ny pingsthändelse. Men för att detta skall kunna äga rum måste en grupp människor komma samman, som vid den första pingsten, för att bli ett kärl. Och det är detta som står bakom grundandet av Antroposofiska Sällskapet.

Antroposofia, som Rudolf Steiner antydde, är ett andligt väsen. Hon är den återuppståndna gudomliga Sofia som hjälper oss att finna Kristus i sin andliga gestalt, i hans återkomst. Den översinnliga Mikaelskolans centrala innehåll i de föregående århundradena var Mikaels gärning att återuppväcka Sofiaväsendet. Genom att utsläckas ur det mänskliga medvetandet "begravdes " Sofia i människosjälen; sedan, genom Mikael, återuppstod hon, åtminstone på en makrokosmisk nivå. Det kommer an på var och en av oss att åstadkomma denna själens återuppståndelse inifrån, detta är antroposofins centrala impuls - för att kunna finna Kristus i sin återkomst.

Från denna synpunkt kan antroposofin betraktas som kulminationen av filosofisk strävan i väst. Filosofi betyder naturligtvis "kärlek till Sofia" och varje sann filosof är en "vän[26] till Sofia."
Filosofins första blomning ägde rum i det gamla Grekland, under den förra Mikaeltidsåldern från 602 till 248 f. Kr.[27] Pythagoras, som levde under den första delen av denna period, var den förste som kallade sig filosof. Och för Pythagoras var filosofin verkligen ett uttryck för äkta kärlek till den gudomliga Modern, i vilken de kunde komma åt sina

själars ursprung.[28] Senare i filosofins historia förlorades Sofia, det väsen till vilket all sann filosofisk verksamhet riktas, ur sikte. Filosofin blev då abstrakt.

Under den förra Mikaeltidsåldern, när filosofi ännu var ett helt levande verksamhetsområde, kulminerade filosofin i Platon och Aristoteles. Detta innebar filosofins egentliga födelse. Platonsk och aristotelisk filosofi har bildat grunden för all senare filosofi i västerlandet. Ja, det vore möjligt att se hela den västerländska filosofins historia som platonska och aristoteliska strömningar. Men något nytt började dyka upp i samband med inträdet i den nya Mikaeltidsåldern år 1879. I och med utgivandet av Rudolf Steiners *Frihetens Filosofi* mot slutet av förra århundradet nåddes en vändpunkt i filosofins historia. Denna vändpunkt blev också uppenbar i den ryske filosofen Vladimir Solovievs verk, han vars filosofiska verksamhet inspirerats av hans tre möten med Sofia. Solovievs filosofi står för en återvändo till den ursprungliga livsimpulsen: sökandet efter Sofia, den gudomliga visheten. Det som "eldades" i öst genom Soloviev blev så "format" i väst genom Rudolf Steiner. Efter Solovievs död år 1900 började Rudolf Steiners livsverk, antroposofin, ta form. För första gången i historien antog den gudomliga visheten en omfattande, mångfaldig gestalt. I och med Rudolf Steiner togs steget från filosofi till antroposofi. Detta är första steget från att ha varit en Sofias "vän" till att Sofia verkar som ett aktivt väsen i människosjälen, efter att ha fötts, "återuppstått", i det inre.

Den 10:e januari 1915 talade Rudolf Steiner om filosofins historia, i vilken Sofias impuls utvecklar sig genom 700-årsperioder. Dessa 700-årsperioder är analoga till sjuårsperioderna i en människas biografi. Ser man på filosofins utveckling under den förra Mikaeltidsåldern som filosofins "embryonalperiod", så kan man följa Sofiaimpulsens utveckling genom tre sjuårsperioder fram till "myndighetsåldern" vid 21. Projicerat på historien innebär detta tre 700-årsperioder sedan slutet på den förra Mikaeltidsåldern år 247 f.Kr., det vill säga år 1853, vilket var Solovievs födelseår! Således ser vi i Soloviev, och sedan i en ännu högre grad av fullkomlighet i Rudolf Steiner, hur filosofin blir vuxen. Genom Soloviev har vi sofiologins födelse i öst och genom Rudolf Steiner antroposofins födelse i väst.

Samma 700-årsrytm gäller för Kristusimpulsens utveckling, för Sofia är Kristi "syster". Men innan vi ser närmare på utvecklandet av Kristusimpulsens rytm, låt oss betrakta ytterligare en aspekt av antroposofins födelse. Det är grundandet av Teosofiska Samfundet genom Madame Blavatsky år 1875. Teosofi betyder "Guds Sofia" eller gudomlig vishet. Sofiaimpulsen var även närvarande i teosofin, i alla fall till att börja med, då titeln på Blavatskys första stora verk *Isis Unveiled* antyder att ett avtäckande av Isis-Sofia var avsett genom teosofin. Detta kan återigen ses, åtminstone i avsikterna med den underliggande impulsen, som en förberedelse för Kristi återkomst. Som det blev så leddes Teosofiska Samfundet bort från dess sanna väg, i och med Krishnamurti-affären, och det blev Antroposofiska Sällskapets uppgift att anta utmaningen att förbereda för Kristi återkomst.

Det första målet för Kristi återkomst är att öppna vägen till Modern. Men dottern, Sofia, den kosmiska jungfrun, hjälper till att uppnå detta mål. Särskilt under Kristi nedstigande ur de kosmiska höjderna verkade den kosmiska Sofia som förmedlare mellan Kristus och mänskligheten. Vid Kristi nedstigning, som ledde till återkomsten, blev Madame Blavatsky utan tvivel invändigt "berörd" av Sofia, men den mest upphöjda samverkan mellan Sofia och en människa ser vi hos Rudolf Steiner. Kristi nedstigande genom solsfären, genom den andra hierarkins skaror: Kyriotetes, Dynamis och Exusiai, började vid tiden för Rudolf Steiners födelse 1861 och avslutades 1896, bara två år efter utgivningen av *Frihetens Filosofi* år 1894.[29] Sedan började Kristi nedstigande genom den tredje hierarkins skaror, Archai, Archangeloi och Angeloi, vilket fullbordades 1932. Det var under loppet av detta nedstigande genom den tredje hierarkin som, genom den gudomliga Sofias vävande mellan Kristus och Rudolf Steiner under den helige Mikaels beskydd och vägledning, antroposofin föddes. Genom Mikaels och Sofias hjälp uppstod antroposofin i Kristi namn under hans nedstigande från de kosmiska höjderna ner till jorden på den väg som ytterst leder till Modern.

Innan vi fortsätter och betraktar Kristi vidare nedstigande efter 1932, hans nedstigning till helvetet, ner till Modern, skall vi ännu en gång se på hans kosmiska nedstigande. Detta är jordafärden, komplementärrörelsen till himmelsfärden, vilken började på Himmelsfärdsdagen år 33 e.Kr.

Vi har följt jordafärden, nedstigandet, från solsfären ner till jorden mellan 1861 och 1932. Jordafärden, Kristi återvändande till jorden, vägen till återkomsten, förutspåddes till apostlarna och lärjungarna på Oljeberget under Himmelsfärdsdagen år 33. Vid början av Kristi Himmelsfärd visade sig två änglar för apostlarna och lärjungarna och förkunnade för dem:

Galiléer, varför står ni och ser mot himmelen? Denne Jesus som har blivit upptagen från er till himmelen skall komma tillbaka just så som ni har sett honom fara upp till himmelen.

Här är jordafärden, Himmelsfärdens komplementärrörelse. klart antydd. Men hur kan Himmelsfärden till Fadern som började år 33 och jordafärden till Modern som återkom till jorden 1932, nästan 1900 år sedan, förstås mot bakgrund av den uppståndnes ord: "Se, jag är med er alla dagar, ända till tidens ände"? Denna fråga blir ännu mer invecklad när vi betänker olika helgons vittnesbörd, tex Teresa av Avilas, vilka beskriver deras möten med den uppståndne.

Som hjälp med att besvara denna fråga, låt oss som en analogi betrakta en människas födelse. Vid födelsen föds hon fysiskt till jorden. Med det är först efter tre sjuårs-perioder, vid 21, som hon är "fullt ut född" som individ. Inkarnationen av individens ande, jaget, sker i synnerhet i tiden mellan den första månknuten vid 18 år och sju månader, och 21-årsåldern. Detta är en tid av uppvaknande självmedvetande hos individen. Jagets inkarnation sker naturligtvis under hela tiden från födelsen till 21 år, men vid den första månknuten, vid 18 år och sju månader – 18,61 år - sker en öppning på kosmisk nivå som gör att människoanden kan verka in mer intensivt än dittills. Detta banar vägen för "jagets födelse" runt 21-års åldern.

Analogt med människan föddes den Uppståndne genom Golgatamysteriet år 33. Den första "månknuten" i Kristusimpulsens utvecklingshistoria ägde rum 1861 efter Golgatamysteriet. Detta var år 1894, det år Rudolf Steiners *Frihetens Filosofi* gavs ut. Som tidigare sagts markerade detta övergången från filosofi till antroposofi. I denna mening representerade *Frihetens Filosofi* kulminationen av filosofins historia och utgjorde på samma gång den grund på vilken antroposofin kunde utvecklas.

Men redan 33 år före 1894, år 1861, Rudolf Steiners födelseår, skedde det på en kosmisk nivå en öppning som ledde till ett nytt inverkande av Kristusimpulsen, för det var detta år som Kristi nedstigning genom solsfären började. Här mäts de 1861 åren från den kristna tidens början snarare än från golgatamysteriet.

Hur kommer vi fram till 1861 år? Det är månknutsrytmen på 18,61 år multiplicerat med 100. Som det redan sagts är den rytm som ligger till grund för Sofiaimpulsen den 700-årsrytm som motsvarar de sju åren i människans biografi, d.v.s. ett år i människolivet motsvarar 100 år i utvecklandet av Kristusimpulsen, Sofia är ju Kristi "systersjäl"

Ser vi på Kristusimpulsens utveckling från och med Golgatamysteriet blir året 1894 den första "månknuten". På samma sätt innebär år 1933 att åldern "19 år" uppnåtts. I människans biografi innebär denna ålder fullbordandet av en kosmisk cykel, känd i astronomin som den metoniska cykeln, efter den grekiske astronomen Meton, i vilken solen, månen och jorden har genomgått alla möjliga kombinationer i förhållande till varandra. Solen, månen och jorden representerar anden, själen och kroppen. Med det 19:e året har alltså något bestämt fullbordats med avseende på förhållandet mellan ande, själ och kropp. Men människans ande, jaget, måste ännu helt genomtränga kroppen för att "fullt ut födas" vid 21. Den följd av tilldragelser som leder fram till denna födelse är:

1. Vid 18,61 år – den första månknuten.
2. Vid 19 år – fullbordandet av den metoniska cykeln.

3. Vid 21 år – jagets födelse, i och med fullbordandet
   av tre sjuårsperioder.

Projicerat på historien genom att tillämpa motsvarigheten
mellan ett människoår och 100 år i Kristusimpulsens ut-
vecklande får vi, om vi börjar vid Golgatamysteiet år 33,
årtalen 1894, 1933, och 2133. Betydelsen av år 1894 har vi
redan betraktat. Året 1933 innebar början av den återkom-
ne Kristi verksamhet i jordens sfär, efter fullbordandet av
nedstigandet år 1932. Återkomstens verkliga början kom-
mer emellertid att ske 2133. Vad är det då som sker under
de 200 åren som ligger mellan 1933 och 2133?

Det är under denna period som nedstigandet i helvetet, ner
till Modern, åtföljt av återuppstigandet, äger rum. Vad vi
alltså bevittnar i vårt århundrade är öppnandet av helvetes
portar. Kristi nedstigande och återuppstigande kan i detalj
följas genom de olika underjordiska sfärerna, så som jag
beskrivit i artiklarna *Stjärnorna, Undernaturen och Kristi
återkomst,* publicerad i det fjärde numret av tidskriften
Shoreline. (finns på svenska på BoD.se)[30] Det är samma
rytm, Jupiters 12-årsrytm, som gäller både för Kristi ned-
stigning i helvetet såväl som för hans uppstigande genom
de kosmiska sfärerna, alltså Himmelsfärden. Nedstigandets
stadier har jag beskrivit även i min artikel *Star Wisdom and
the Holy Grail.*[31]

En kort sammanfattning: i nedstigningens sista stadier,
mellan 1908 och 1920, steg Kristus ner genom ärkeänglar-
nas sfär. Det var under denna tid som Rudolf Steiner gav
föredragen om Folksjälarnas mission och hänvisade till de
olika ärkeänglarna. Men motståndet mot Kristi färd genom
ärkeänglarnas sfär ledde till första världskriget. I stället för

en harmonisk samverkan mellan de olika folken blev det ju krig. Men trots kriget arbetade en grupp människor från olika länder fridfullt och skapande. Det var i Dornach, Schweiz.

Under denna tid byggdes det första Goetheanum. Detta antroposofins tempel skulle blivit ett tempel för Kristi återkomst. 1920 invigdes det. Detta var året för Kristi inträde i änglarnas sfär. Men på nyårsaftonen 1922–1923 brändes det första Goetheanum ner. Denna händelse var ett slag som berövade Rudolf Steiner en del av hans livskrafter och så gott som säkert bidrog till hans för tidiga död.

Ett år efter branden, vid julen 1923, skedde ett nygrundande av Antroposofiska Sällskapet. Då förde Rudolf Steiner ner *Grundstensmeditationen* från änglasfären, i vilken Kristus vid den tiden verkade. Som Rudolf Steiner sade i sitt morgonföredrag den 26:e december 1923, var Grundstensmeditationens fyra verser "hörda ur Världsordet". Med andra ord hördes de från Logos, från Kristus, och uttalades av Rudolf Steiner efter det att han hade kunnat ta emot dem av Kristus i änglarnas sfär. Grundstensmeditationen har alltså sitt ursprung från Kristus i änglarnas sfär, genom jordafärden till återkomsten. Då Grundstenen innehåller antroposofins centralimpuls kan man se att den - och därmed hela antroposofin - direkt har att göra med Kristi återkomst och bereder vägen för denna tilldragelse.

En annan rytm som är viktig för förståelsen av Kristi återkomst är Kristi eget livs 33 1/3-årsrytm. Från födelsen i Betlehem till Uppståndelsen på påsksöndagens morgon var det exakt 33 1/3 år så när som på några timmar. Alltsedan Golgatamysteriet har denna rytm verkat in i världshistorien och utgör även grunden till motsvarigheten mellan ett år i en människas liv och 100 år i utvecklandet av Kristusimpulsen, eftersom tre gånger 33 1/3 är lika med 100.

I de föredrag som Rudolf Steiner höll i Penmanmawr hänvisar han till betydelsen av året 333 e. Kr. Detta var precis nio 33 1/3-årscykler efter Golgatamysteriet. På samma sätt talade han om betydelsen av året 1899 som slutet på den Mörka Tidsåldern, Kali Yuga. Detta år 1899, fullbordades precis femtiosex 33 1/3-årscykler sedan år 33. Och 1933, som innebar början på Kristi återkomst i människosfären, är återigen femtiosju 33 1/3-årscykler från Golgatamysteriet. Men som vi vet var 1933 även året då Hitler kom till makten. Vad sattes här i verksamhet?

Här är det till hjälp om vi återvänder till Johannes vision av den kosmiska Jungfrun, Sofia, i Uppenbarelsebokens tolfte kapitel. Visionen, som hänför sig till Dottern, har direkt att göra med Kristi återkomst. Den visar nämligen den gudomliga Sonens födelse ur Sofia, såväl som Drakens angrepp på den kosmiska Jungfrun och hennes son. Hur skall vi tyda denna vision?
Visionen hänför sig till Kristi födelse i sin återkomst, ur den gudomliga visheten, Sofia. Denna födelseprocess ägde rum under jordafärden och speglades på jorden som antroposofins tillblivelse. I ljuset av Johannes vision kan antroposofin ses som en reflektion - en spegling från ovan - av den gudomliga Sofia födande Kristus till sin återkomst. Antroposofins tillblivelse genom Rudolf Steiner ägde rum mellan år 1900 och året för Steiners död, år 1925. Men han dog i förtid. Hade han levat i 72 år - vilket är den normala kosmiska perioden för ett människoliv, baserat på vårdagjämningarnas rörelse, de förflyttar sig en grad vart 72: a år - så

skulle Rudolf Steiner levt från 1861 till 1933, året för Kristi återkomst till den mänskliga sfären. Här skulle bilden av antroposofin   födande Kristi i sin återkomst blivit kronologiskt fullbordad under "födelseåret" 1933.

I Johannes vision skildras det hur Draken "stod framför kvinnan som skulle föda, för att sluka hennes barn när hon födde det". Tyder vi denna vision i förhållande till "födelsen" 1933, kan vi se Drakens verksamhet reflekteras i nationalsocialismens uppgång och Hitlers maktövertagande 1933. Allt som skedde i Nazityskland mellan 1933 och 1945, kulminerade i andra världskriget 1939–45, kan ses som resultat av Drakens försök att "sluka barnet". Betänker man att Tyskland var det land där antroposofin föddes kan man se att Draken verkligen förde krig mot Kvinnan – den gudomliga Sofia – och hennes barn. Den nationalsocialistiska impulsen var diametralt motsatt antroposofins.
Men även i öst, i Ryssland, där i den rysk-ortodoxa kyrkan en känsla för Sofia hade fortlevt, och - genom Vladimir Soloviev - sofiologin föddes, gjorde Draken ett våldsamt angrepp. Detta kulminerade i stalinismen, som från mitten av 1930-talet och vidare genom skenrättegångar o.s.v. upprättade ett skräckvälde över det ryska folket.

Konflikten med Draken, orsakad av Kristi passage genom den mänskliga sfären mellan 1933 och 1945, nådde ett klimax i och med fällandet av en atombomb i Hiroshima 1945. Som omnämnts tidigare var detta ett av människor skapat tecken på början av Kristi nedstigande genom de underjordiska sfärerna. Sedan dess har konflikten fortsatt, och kommer att fortsätta ett bra tag framöver, i de följande underjordiska sfärerna.[32] I och med detta "öppnande av helvetets portar" har demoniska krafter släppts loss, vilka kämpar för att ta människosjälar i besittning. Drogepidemin kan ses som ett exempel på detta. Å ena sidan finns den positiva kommunionen, kommunionen med Kristus, tex i det heliga sakramentet, och å andra sidan finns en negativ kommunion, en kommunion med underjordens demoniska väsen, tex genom droger.

Attacken från underjorden begränsar sig inte till kampen om herraväldet över mänskligheten; den riktar sig också mot Moder Natur. I en händelse som Tjernobylolyckan kan vi se demoniska krafter verka genom att vålla förödelse i naturen. Sådana människoskapade katastrofer frambringas vanligen av demoniska väsen genom ett neddämpande av det mänskliga medvetandet. Ett annat exempel av detta slag är oljekatastrofen med Exxon Valdez utanför Alaskas kust, där ett neddämpande av medvetandet skedde genom alkohol. Vad kan sättas emot detta?

Rudolf Steiners ord, uttalade för 66 år sedan här i Penmanmawr, ger en antydan om ett "återbelivande av det gamla Demeter-Isis-väsendet i en ny metamorfoserad form". Detta har att göra med utvecklandet av en ny "Jungfrukult". En grund för detta ges av antroposofin, särskilt sedd mot bakgrund av det som sagts här angående Johannes vision av den kosmiska Jungfrun, den gudomliga Sofia. Ytterligare förståelse kan tillägnas genom en fördjupad kunskap om den Allraheligaste Trinosofia: Modern, Dottern och den Heliga Själen – och om hur den Allraheligaste Trinosofia förhåller sig till Jungfru Maria genom pingsttilldragelsen, då Sofia inkarnerade i Maria. Den nya jungfrukulten, som inte bara uppstår genom hängivenhet till Jungfrun utan också genom en ny kunskap om hennes väsen, måste bäras av en människogemenskap – i enlighet med pingsttilldrag-

elsens urbild. Detta skulle leda till ett uppresande av Sofia-
väsendet och skulle utgöra ett övervinnande av det som
Rudolf Steiner hänvisar till i sin vers "Isis-Sofia, Guds vishet,
Lucifer har dödat henne..."

I detta sökande efter den nya Isis måste Lucifer övervinnas
eller snarare förlösas. Även detta är ett djupt mysterium
förbundet med Kristi återkomst; Lucifers förlösning. Kristus-
viljan verkande i människan förmår hjälpa till i detta arbete
med Lucifers förlösning, genom vilken Lucifer kommer att
få nya uppgifter och ansvar. Den impuls som kan förlösa
Lucifer skapade Kristus under sin nedstigning -jordafärden-
under sin passage genom Lucifers sfär. I den utsträckning
som denna förlösande impuls kan verka, i den utsträcknin-
gen kommer även den nya Isis, den gudomliga Sofia, att bli
verksam. Så låt oss då avsluta våra betraktelser över dotter-
aspekten av den Allraheligaste Trinosofia med följande
vers:

Isis- Sofia,
Guds vishet,
henne har Lucifer dräpt
och på världskrafters vingar
burit ut henne i rummets vidder.

Kristusviljan,
i människan verkande,
kan henne från Lucifer slita
och på andekunskapens farkost
i människosjälen återuppväcka
Isis- Sofia
Guds vishet.[33]

TREDJE FÖREDRAGET: DEN HELIGA SJÄLEN

Vi skall nu betrakta den tredje aspekten av den Allraheligaste Trinosofia: den Heliga Själen. Låt oss som utgångspunkt betrakta den kosmiska bakgrunden till nutiden. Enligt Zarathustras lära, som förts vidare i den zoroastriska traditionen, verkar en ny andlig-kulturell impuls in vart 20:e år, förorsakad av de regelbundet återkommande konjunktionerna mellan Jupiter och Saturnus. Jupiter och Saturnus kommer i konjunktion med varandra vart 20:e år. Den andligt-kulturella impuls som då verkar in får en karaktär som färgas av den djurkretskonstellation som den sker inom. Den senaste konjunktionen, som faktiskt var en trippelkonjunktion mellan Saturnus och Jupiter år 1981, inträffade i Jungfruns konstellation, en konstellation särskilt förbunden med Maria Sofia. Sedan 1981 har alltså en sofiansk impuls varit verksam. När Jupiter och Saturnus träder i konjunktion kan det liknas vid sådden av en ny fröimpuls som växer tills Jupiter och Saturnus når sin opposition, varefter den sakta avtar fram till den följande konjunktionen. Denna 20-årscykel kan förstås genom att liknas vid måncykeln; tillväxten av månkrafterna fram till fullmånen, oppositionen mellan sol och måne, och avtagande av månkrafterna fram till nymånen, konjunktionen mellan sol och måne.

Den nya sofianska impulsen som såddes 1981 vid trippelkonjunktionen mellan Jupiter och Saturnus har byggts upp till ett klimax år 1989, med oppositionen mellan Jupiter och Saturnus. I själva verket är det en femdubbel opposition mellan Jupiter och Saturnus. Den första skedde den 10:e september 1989, den andra den 14:e november 1989 och den tredje den 13:e juli 1990, den fjärde den 16:e mars 1991 och den femte inträffar den 17:e maj 1991. Under denna period kunde vi observera manifestationer av Sofias fredsbringande impuls. Vilka former tog detta sig?

En direkt manifestation av inledningen på denna nya sofianska impuls år 1981 var uppenbarelserna av den natanska Maria i Medjugorje i Jugoslavien, som började på Johannes Döparens Dag 1981. Hon visade sig där för sex unga människor och identifierade sig med orden "jag är fredens drottning ". Sedan dess har uppenbarelsen fortsatt med regelbundna framträdanden under vilka hon har uppenbarat 10 mysterier rörande framtiden. Dessa har ännu inte offentliggjorts. Flera millioner människor har sedan dess besökt Medjugorje. Den natanska Marias centrala budskap i Medjugorje är att en förnyelse av det religiösa livet, en ny hänvändelse till Gud, är nödvändig och kan uppnås framför allt genom bön. Det är ett enkelt, direkt budskap om hur fred kan föras in i världen, riktat till hjärtat och inte alls intellektuellt till sitt innehåll.

Tidigare, i förkristna tider, kände Israels folk till den Heliga Själen som *Shekinah*. Vad karaktäriserade Shekinahs verkande. Hon kom med fred och harmoni till samhället. Hon verkade in i gemenskapens anda och "själ ".[34]

Ett annat slående exempel finns i Jesus och de tolv lärjungarna. En underbar harmoni började råda mellan dem efter halshuggningen av Johannes Döparen, tack vare dennes inverkan från den andliga världen. Han blev lärjungarnas "gruppsjäl", konkretiserande den Heliga Själens verkningar, Johannes var ett kärl för den Heliga Själen på samma sätt som Maria var ett kärl för dottern, Sofia.

Den Heliga Själens verkan är förbunden med kärlekens mysterium. Det uttrycker sig som impulsen till gemenskapsbildande, när det finns en andlig grundval genom Sofia, den gudomliga visheten. Den Heliga Själen är en feminin motsvarighet till den Helige Ande och förhållandet mellan den Heliga Själen och den gudomliga visheten är analogt med den Helige Ande och Kristus. I vår tid - särskilt sedan 1966 - har den Heliga Själens impuls uttryckts som strävan efter gemenskapsbildande. Hur kan vi förstå detta?

Det är också förbundet med Kristi återkomst. I sitt arbete med att öppna vägen till Modern får Kristus nämligen inte bara hjälp av den gudomliga visheten, Dottern, utan även av den Heliga Själen. Således är en djup förståelse av den Allraheligaste Trinosofia: Modern, Dottern och den Heliga Själen, av stor betydelse när det gäller Kristi återkomst. Som sades i det förra föredraget, så ser vi i antroposofins uppkomst under 1900-talets förra hälft en återspegling av Sofias verksamhet med att förbereda födelsen av Kristi återkomst i andlig gestalt i den jordiska sfären från och med år 1932–33. Denna förberedelse ägde rum under Kristi jordefärd, hans nedstigande från de kosmiska höjderna. En första förberedelse kom med utgivandet av Rudolf Steiners *Frihetens Filosofi* 1894, mot slutet av Kristi nedstigande genom den andra hierarkins skaror, Kyriotetes, Dynamis och Exusiai, mellan år 1861 och 1869. Sedan följde en mer intensiv förberedelse under nedstigandet genom den tredje hierarkins skaror, arkéer, ärkeänglar och änglar, mellan 1896 och 1932. Jordafärden är förbunden med en rytm som tidigare nämnts, Jupiters 12-årsrytm.

En annan viktig rytm har nämnts, viktig för vår förståelse av Kristi återkomst, nämligen Kristi 33 1/3-årsrytm. Detta är Kristi eterkropps rytm, medan Jupiters 12-årsrytm har mer att göra med Kristusjaget och saturnusrytmen på 29 ½ år med Kristi astralkropp. Vi lever nu i den tredje 33 1/3-årsperioden sedan Kali Yugas slut år 1899. Följer vi Kristi eterkropps exakta rytm sedan Golgatamysteriet så får vi datum för de tre perioder vi försöker betrakta: [35]

1. 12.e september 1899   - 11:e januari 1933
2. 11:e januari 1933   - 11:e maj 1966
3. 11:e maj 1966   - 8:e september 1999

Här kan vi se tre bestämda steg i förhållande till Kristi återkomst. Genom en liknelse med människan kan utvecklingen genom dessa stadier beskrivas som:

1. Tanken
2. Ordet
3. Kärleken

För på människans normala andliga utvecklingsväg utvecklas först den tvåbladiga lotusen. Det så kallade "tredje ögat" mitt i pannan, och detta är tankens lotusblomma i bemärkelsen högre, filosofiskt andlig tankeverksamhet, som har att göra med planeten Jupiter. Sedan utvecklas den sextonbladiga, "strupchakrat ", som är ordets, det moraliskt pregnanta ordets lotusblomma, förbundet med planeten Mars. Som ett tredje steg genomgår den tolvbladiga lotusblomman en utveckling, detta är kärlekens, barmhärtighetens lotusblomma, förbunden med solen.

Tillämpar vi denna liknelse på stadierna av hur Kristus närmar sig mänskligheten i sin återkomst finner vi att det under den första tredjedelen av 1900-talet särskilt var frågan om att finna ett förhållande till Kristi återkomst på tankens nivå, under den andra tredjedelen genom ordets moraliska kvalitet och under den sista tredjedelen, den som vi nu lever i, på hjärtats nivå. Om vi begriper den utveckling från tanken genom ordet till hjärtat i utvecklandet av Kristusimpulsen är vi i stånd att bedöma att tre mänsklighetslärare, var och en i ett nära förhållande till Kristus, är kallade att företräda Kristusimpulsens utveckling i tre på varandra följande stadier under 1900-talet. Vi kan också begripa detta ur en annan synvinkel, nämligen följande:

De tre lärarnas verksamhet i förhållande till Kristi återkomst blir tydlig när den ses analogt mot bakgrund av Kristi liv på jorden, vilket också det förbereddes av tre lärare. Dessa tillhörde Israels folkgemenskap. Redan 100 år före Kristus lärde esséernas lärare, Jeshu ben Pandira, ut att tre lärare skulle komma i samband med inkarnationen av Messias. Vi känner till denna förkunnelse av Jeshu ben Pandira genom Dödahavsrullarna, som upptäcktes vid Qumran 1947. Jeshu ben Pandira förkunnade ankomsten av en kunglig Messias, en prästerlig Messias och en profet. Genom antroposofin vet vi att Jeshu ben Pandira hade rätt i sin förutsägelse. Den kungliga Messias var det salomoniska Jesusbarnet som beskrivs i Matteusevangeliet; den prästerlige Messias var den natanske Jesus som besöktes av fåraherden, så som det beskrivs i Lukasevangeliet; och profeten var Johannes Döparen. Ja, det var faktiskt genom sin förbindelse med esséergemenskapen som Johannes Döparen väcktes till sin mission som Messias förelöpare, förkunnare. För denna läras skull hängdes Jeshu ben Pandira - som av esséerna kallades "rättfärdighetens lärare " - upp i ett träd och stenades till döds. Men han bidrog till att förbereda Kristi inkarnation genom att Johannes Döparen, då han upptog Jeshu ben Pandiras läror, blev medveten om sin egen uppgift i förhållande till Messias förestående inkarnation. Det ställe vid Jordanfloden där Johannes döpte Jesus, ligger bara några kilometer från Qumran, där Esséer-gemenskapen levde och där man hittade Döda Havsrullarna, som innehåller Jeshu ben Pandiras förkunnelser. [36]

Precis som tre lärare hjälpte till att förverkliga Kristi inkarnation vid hans första ankomst, så är tre lärare särskilt verksamma i förhållande till återkomsten. Andra lärare kan också vara verksamma, men i dessa tres fall är det frågan om ett djupt intimt förhållande till Kristus. Men det är ju uppenbarligen enorma skillnader mellan Kristi återkomst och hans inkarnation för nästan 2000 år sedan. Den gången inkarnerade han i en fysisk kropp på det fysiska planet, det vill säga i den tredimensionella rumsliga sfären. Återkomsten sker i den eteriska sfären, som är bunden till tidens dimension. Tidsaspekten måste man beakta när det gäller återkomsten, på samma sätt som rumsaspekten, det geografiska[37] var det väsentliga förra gången, det vill säga att det ägde rum i just i Palestina.

Det är därför, för att vi fokuserar på tidselementet, som de olika rytmerna vi betraktat är av sådan betydelse för Kristi återkomst i det eteriska. Och i synnerhet 33 1/3-årsrytmen, Kristi eterkropps egen rytm, är av central betydelse för denna tilldragelse. Det är därigenom vi kan förstå att det i var och en av 1900-talets tre 33 1/3-perioder, som vi just beskrivit, uttrycks en aspekt av återkomstens Kristusimpuls och att huvudsakligen en lärare är verksam i var och en av dessa perioder som "bärare "av just den aspekten.

Som vi kom fram till i det andra föredraget var Rudolf Steiner den lärare som förverkligade den första aspekten, tankeaspekten. Det nämndes också att Rudolf Steiner, som började sin bana som andlig lärare år 1900, till fullo skulle ha utvecklat denna tankeaspekt om han fått leva fram till år 1933. Det gäller alltså det filosofiskt andliga tankeelementet, som kan betecknas som "Sofia, Guds vishet "och som är förbundet med utvecklandet av den tvåbladiga lotusblomman.

Fortsätter vi till nästa steg, mellan 1933 och 1966, så var det den andra aspekten, ordets aspekt, förbunden med den sextonbladiga lotusen, som var central för Kristusimpulsens utveckling. Precis som Rudolf Steiner bar fram impulsen till andlig tankekraft, bar en annan lärare fram impulsen till ordets moraliska kraft. Rudolf Steiner åberopade ofta denna lärare, antydande att han en gång inkarnerat som Jeshu ben Pandira och att han i framtiden kommer att inkarnera som Maitreya Buddha. År 1921 påpekade Rudolf Steiner att "Jeshu ben Pandira föddes i början av detta århundrade och om vi får leva 15 år till kommer vi att märka av hans verksamhet ".[37] Här menade han naturligtvis den reinkarnerade Jeshu ben Pandira. Om och om igen hänvisade Rudolf Steiner till den ordets moraliska kraft som skulle utvecklas av denna individualitet på hans väg till att bli Maitreya Buddha, att hans ord själva skulle bli till en kraft av moralisk godhet. Därav namnet "Maitreya", vilket betyder "bäraren av det goda". Impulsen till "det goda "är den vita magin och i samband med ordet har den att göra med den sextonbladiga lotusens utveckling.
När det gäller 1900-talets sista period, från 1966 till århundradets slut, är det tredje stadiet av Kristusimpulsens utveckling mest viktig. Detta är kärlekens och barmhärtig-

hetens aspekt, förbunden med den tolvbladiga lotusen, hjärtcentrat. Detta är kulminationen av den utvecklingslinje som går från tanke - vishet - genom ordet - moral - till kärleken. Återigen gav Rudolf Steiner en klar antydan om den lärare som skulle bära den centrala impulsen i Kristusimpulsens utveckling under den sista delen av århundradet. Detta uppenbaras i Rudolf Steiners sista anförande till Antroposofiska Sällskapets medlemmar, där han talade om att Johannes Döparens individualitet reinkarnerade som den tyske romantiske poeten Novalis, som levde mellan år 1772 och 1801. Rudolf Steiner antydde att vid den tid då han höll sista anförandet, vid Mikaeli 1924, var Johannes Döparens/Novalis individualitet i den andliga världen. Han antydde emellertid att denna individualitet skulle vara inkarnerad – som lärare – i tid för den stora kamp som skulle utkämpas under århundradets sista tid:

Och vi ser i Novalis en strålande och lysande förlöpare till denna Mikaelströmning som nu skall leda er alla, mina kära vänner, så länge ni lever; och sedan, efter ni gått genom dödens port, kommer ni att finna i de översinnliga, andliga världarna alla de andra, bland dem också det väsen om vilket jag idag har talat till er, alla med vilka ni skall förbereda det arbete som skall utföras vid århundradets slut, och vilket skall leda mänskligheten förbi den kris den befinner sig i. [37]

Följande på Rudolf Steiner och Maitreya-individualiteten - den reinkarnerade Jeshu ben Pandira - ser vi här en tredje individualitet antydd, Johannes Döparen/Novalis- individualiteten, vars uppgift är särskilt förbunden med den sista delen av det tjugonde århundradet. Med bakgrund av utvecklingen från tanken genom ordet till kärleken är denna individualitets uppgift förbunden med kärlekens mysterium, som står i samband med hjärtcentrat, den tolvbladiga lotusen. Precis som denna individualitet vid Kristi första ankomst verkade som gruppsjäl – bärare av den Heliga Själens impuls - och förde med sig fred och harmoni in i förhållandet mellan de tolv lärjungarna, så verkar den under återkomsten särskilt starkt nu, återigen som bärare av den Heliga Själens princip, inspirerande till Kärlek och gemenskap mellan andligt strävande människor.

Så ser vi alltså - i förhållande till den Allraheligaste Trinosofia: Modern, Dottern och den Heliga Själen - att det genom den första av 1900-talets lärare särskilt var Dottern, den kosmiska visheten, som kom till uttryck. Genom den andra läraren kom bönen "Moder Vår" till uttryck och gavs till mänskligheten för Moderns förlösande. Och det är den Heliga Själens impuls som lever starkast genom 1900-talets tredje lärare. Den Allraheligaste Trinosofia är naturligtvis verksam som helhet hela tiden på olika sätt, särskilt med avseende på Kristi återkomst, men ändå kan man urskilja en tyngdpunkt på den ena eller andra aspekten när det gäller vårt århundrades tre stora lärare.

Hur kan man beskriva den Heliga Själens gemenskapsbyggande impuls, så som den bärs av den tredje läraren? För att besvara den frågan måste vi först se på karaktären hos den gemenskap det här är frågan om. På Gamla Testamentets tid var Shekinahs, Den Heliga Själens, verksamhet särskilt koncentrerad till den israeliska folkgemenskapen för att förbereda Kristi första ankomst. Nu, i vår tid, gäller det den gemenskap som har till uppgift att förbereda och förverkliga återkomsten. En del av denna gemenskap samlades runt Rudolf Steiner under århundradets första del och en höjdpunkt i bildandet av denna gemenskap uppnåddes vid Antroposofiska Sällskapets nygrundande, julen 1923. Nio månader senare, i det sista anförandet vid Mikaeli 1924, antydde Rudolf Steiner något av strukturen i den gemenskap han grundade. Han talade om fyra grupper, var och en bestående av tolv individer. Tolv individer - detta är samma urform för andlig gemenskap som fanns vid grundandet av den israeliska gemenskapen (urfäderna för Israels tolv stammar), men också vid kristendomens grundande (de tolv apostlarna). Men Rudolf Steiners antydan gällde fyra grupper av tolv. Vad menas med det?

I allt andligt liv spelar metamorfosprincipen en viktig roll. När det gäller strukturen hos den gemenskap det här är frågan om är det en metamorfos av Israels gemenskap som bildades för att förbereda Kristi första ankomst, till den gemenskap som i vårt århundrade bildats för att förbereda återkomsten. Men denna metamorfos måste ses mot bakgrund av att huvudvikten inte längre ligger vid den första ankomstens rumsliga, geografiska dimension - att den skedde i Palestina - utan vid återkomstens tidsdimension, att den inträffar i det eteriska som är förbundet med tidens dimension. Israels tolv stammar delade upp Israel i tolv områden som de tog i besittning. Här ser vi den rumsliga principen. I metamorfosen av detta, i återkomstens gemenskap, har fyra gånger tolv individer uppgiften att inkarnera i tidsströmmen, som fyra grupper med tolv individer i varje grupp, under olika tidsintervaller i det tjugonde århundradet. Återkomstens gemenskap innehåller naturligtvis fler än fyra gånger tolv individer, men det är här frågan om mötet mellan karmiska strömningar, och urbilden är den grupp om tolv som speglar den tolvbladiga lotusen, vilken hör till kärleksimpulsen. De fyra grupperna om tolv, inkarnerade i intervaller under 1900-talet, har till uppgift att bära återkomstens centralimpuls och - genom deras samman-flätade karmiska förbindelser - bygga upp gemenskap i tidens ström.

Den första gruppen inkarnerade runt århundradets början, inte alla på samma gång naturligtvis, men i "genomsnitt" runt år 1900. Varje följande grupp har inkarnerat i unge-färliga intervaller om ett kvarts sekel sedan dess.[38] Och precis som den israeliska gemenskapen hade tre patriarker, så finns det tre lärare hos det tjugonde århundradets meta-morfoserade "Israelgemenskap". Det är de lärare vi redan har talat om.

Mot bakgrund av Israels tre patriarker kan vi få ytterligare insikter i den karmiska återkomstgemenskapens tre lärares uppgifter. De tre patriarkerna – Abraham, Isak och Jakob – förkroppsligade var och en, en aspekt av den heliga treen-igheten:

Abraham	Fadern	Grundläggningen
Isak	Sonen	Offerimpulsen
Jakob	Den Helige Ande	Impulsen att förverk-liga grundintensionen genom offret.

Den tredje impulsen innebär kamp, kampen mot ondskan och osanningen som försöker pervertera grundintentionen och kringgå offret. Dessa impulser – förbundna med Fad-ern, Sonen och den Helige Ande – speglas i Bibelns egen uppbyggnad: Gamla testamentet är Faderns testament, Nya Testamentet är Sonens testament och Apokalypsen,

Uppenbarelseboken, är den Helige Andes testament. Kampprincipen, kampen mot ondskan och osanningen, framstår tydligt i Apokalypsen, precis som Kristi offer på Golgata utgör kärnan i Nya Testamentet och Faderns grundläggningsvilja är det centrala budskapet i Gamla Testamentet.

Mot denna bakgrund kan vi på en djupare nivå förstå de tre lärarnas uppgifter och de utmaningar som kommer dem till mötes. I nutiden är det särskilt den tredje lärarens uppgifter som angår oss. Här kan vi genom parallellen med patriarken Jakob, som ständigt var tvungen att bekämpa den luciferiska sfärens osannfärdighet, se att den tredje läraren särskilt konfronteras med den luciferiska sfären, som verkar genom att förvränga och korrumpera sanningen. På samma gång försöker han inspirera den sofianska gemenskapsimpulsen, precis som den israeliska gemenskapens stamfäder kom till Jakob. Den tredje läraren har till uppgift att – till följd av ordets moraliska impuls, den sextonbladiga lotusens impuls som bars fram av den andre läraren, bodhisattva-individualiteten Jeshu ben Pandira – förmedla hjärtats, den tolvbladiga hjärtlotusens rena kärleksimpuls. Enligt Valentin Tomberg innebär detta en inkarnation i kvinnlig gestalt:

I den jordiska sfären måste en människa – kvinnlig organisation – upptaga den natanske Jesus i sig, efter det att bodhisattvan har verkat och impulserat tolv människor genom sina ord. Då kommer den natanske Jesus att utstråla tolv strålar av sitt ljus till tolv människor...[39]
Här hänvisas det igen till grupper om tolv, denna gång tydligt till grupper i tidsströmmen. Men perspektivet öppnas också upp av en "inkorporation" av den natanske Jesus i den tredje läraren, som är inkarnerad i en kvinnokropp, och

av den natanske Jesus senare verkande genom tolv människor. Denna tredje behöver förstås överhuvudtaget inte framträda offentligt. För att kunna verka som "inspirationskälla" vore det till och med mer effektivt att verka "bakom kulisserna".

Som kontrast sker den natanska Marias verksamhet helt öppet. Men som sagts tidigare riktas den till hjärtat och är inte alls intellektuell till sitt innehåll. Här återvänder vi till den fråga som ställdes i förra föredraget: vad menade Rudolf Steiner när han talade om uppkomsten av en ny "jungfrukult och ett återupplivande av det gamla Isis-Demeterväsendet i en ny, metamorfoserad form"? Vad han menade är helt klart inte något som enbart riktar sig till hjärtat, till våra devotionskrafter. En ny jungfrukult – i antroposofins ljus – innebär inte bara devotion, hängiven vördnad, utan också kunskap. Ja, det gäller även för själva Kristi återkomst; först måste den begripas kunskapsmässigt, sedan kan den erfaras i frihet. Kunskap – så som kunskap om Modern, Dottern och den Heliga Själen, Allraheligaste Trinosofia – är alltså ett första steg mot en ny jungfrukult på antroposofisk basis.

Det är framför allt på den platonska strömningen som uppgiften faller att odla en ny sofiansk impuls. Den platonska strömningen kulminerade på medeltiden med skolan i Chartres, som blomstrade i samband med den mäktiga katedralen i Chartres, tillägnad Jungfrun. En av de största lärarna vars namn förknippas med skolan i Chartres, hans namn var Alanus ab Insulis, skrev i sitt verk *Aniclaudian* om gudinnan Natura. Mot bakgrund av kunskapen om den Allraheligaste Trionosofia är Natura analog med Modern. Men många av de drag som Alanus tillskriver Natura tillhör Dottern, Persephone. Här berör vi ett djuprotat problem som går direkt tillbaka till antiken, nämligen att ingen tydlig skillnad gjordes mellan Modern, som allting levandes moder, och Dottern, den kosmiska jungfrun, som visade sig för Salomon och Sofia, den gudomliga visheten. En ännu mer subtil åtskillnad måste göras med avseende på den Heliga Själen, som verkar inspirerande vid gemenskapsbildande.

I samband med Chartres är det intressant att betänka – särskilt som vi är samlade på en plats där i gamla tider druiderna var andligt verksamma - att Chartreskatedralen byggdes på ett druidställe där en jungfrukult blomstrade redan för länge sedan. Nu i det tjugonde århundradet är vi sammankallade här på denna plats och kanske är det vår uppgift att börja odla – först på kunskapsmässig nivå, genom kunskap om den Allraheligaste Trinosofia – en ny sofiansk impuls.

Genom att göra det skulle vi ställa oss bakom återkomstens centralimpuls, bakom det mysterium som är Kristi framträdande i det eteriska. Och vi skulle också ställa in oss i den platonska strömning som kulminerade i skolan i Chartres.
Uppgiften att odla en ny sofiansk impuls på basis av andlig kunskap innebär ett förenande av två strömningar. De ledande företrädarna för dessa strömningar är de två som stod under korset: Johannes och Maria. Strömningarna de företräder är Logosströmningen och Sofiaströmningen och, som det redan hänvisades till i första föredraget, inträdde en förvirring redan under de tidiga kristna seklerna genom en sammanblandning av Sofia och Logos.

Johannes är Logosmysteriernas väktare, precis som Maria är central för Sofiamysterierna. Logosmysterierna kommer till uttryck i rosenkorsmeditationen som beskrivs av Rudolf Steiner i *Vetenskapen om det fördolda*. De sju rosorna runt det svarta korset står för de sju passionsstadierna, de sju stadierna på den lidandets väg som gicks av Kristus, Logos. Och den sofianska impulsen – åtminstone i form av vördnad inför Jungfru Maria – kommer till uttryck i rosenkransbönen. Här är det bara möjligt att ge en antydan om förenandet av dessa två strömningar, tex genom föreningen av bön och meditation. Utan den rätta bakgrunden, som den vi berört här, är detta självfallet något som lätt kan missförstås. Och precis som det under den tidiga kristendomens tid verkade krafter som förvirrade synen på förhållandet mellan Sofia och Logos, så försöker nu mäktiga motkrafter förhindra förenandet av dessa två andliga strömningar, till och med på bönens och meditationens nivå. Men om denna förening kan förverkligas av en grupp människor skulle det hjälpa till att bereda vägen för en förening av Logos och Sofia på viljans nivå i en ny jungfrukult. De tre stadier som ett verkande för detta innebär har att göra med:

1. Kunskapens nivå   – genom en allt djupare kunskap om den sofianska impulsen;
2. Hjärtats nivå   – genom bön och meditation;

3. Viljans nivå   – genom en ny Jungfrukult.

Kanske kan nu, i denna sofianska tid i historien, en början göras till att förverkliga dessa tre stadier? Det är med den frågan jag skulle vilja avsluta dessa tre föredrag om den Allraheligaste Trinosofia, vilka var tänkta som ett bidrag till vårt mötes tema – att tillsammans finna en djupare förståelse för och ett djupare förhållande till Kristi återkomst.

***

INTERLUDIUM

De föregående tre föredragen om Modern, Dottern och den Heliga Själen (den Allraheligaste Trinosofia) är ämnade att ge en djupare förståelse för det Gudomligt Kvinnliga. Jag vill här passa på att nämna källan till lärorna om Trinosofia eller sofiansk Treenighet: en rysk författare som valde att förbli anonym. Den anonyme författaren (som tillhör den ryska sofiologins strömning) till *Tarotmeditationer: En resa in i den Kristna Hermetismen* lägger fram läran om det trefaldiga Gudomligt Kvinnliga- "Den sofianska Treenigheten – Modern, Dottern och den Heliga Själen". Denna lära är så omfattande att den kan betraktas som höjdpunkten i sofiologin, precis som den traditionella läran om den Heliga Treenigheten (Fadern, Sonen och den Helige Ande) utgör kulmen i kristen teologi.

Med tanke på vikten av att förstå den sofianska Treenigheten med Modern, Dottern och den Heliga Själen ger vi här en kort sammanfattning:

Modern: Vid skapelsen delade sig den androgyna Gudomen i den evige Fadern och den eviga Modern. Fadern omfattar den översinnliga aspekten av skapelsen – "i himmelen "– det vill säga bortom världen – medan Modern utgör den aspekt av skapelsen vars centrum är Jorden, med Jordens hjärta som den centrala mittpunkten. När vi talar om Modern kan vi föreställa oss henne som den ideala substansen, skapelsens grund, kraftkällan för dess existens. Ordet "moder " (på latin *mater*) har ett samband med ordet "materia". Modern är den ideala substansen, eller det andliga ursprunget till materien. Som Rudolf Steiner uttrycker det i följande meditativa vers, är Modern att betrakta som ett levande, kännande väsen som är "all materias andliga ursprung":

Om du söker mig med sann längtan efter kunskap, skall jag vara med dig.
Jag är fröet och källan till din synliga värld.
Jag är den ocean av ljus i vilken din själ lever.
Jag är rummets härskarinna.
Jag är tidscyklernas skapare.
Eld, Luft, Vatten, och Jord lyder mig.
Känn mig som all materias andliga ursprung.
Och eftersom jag inte har en gemål på Jorden, kalla mig Maya.[40]

Det är den synliga världen, som det i den traditionella hinduiska filosofin hänvisas till som *Maya* ("illusion"). Så länge vi betraktar den skapade världen som skild från Fadern är den Maya. Att vakna upp inför Modern innebär ett uppvaknande i medvetandet om henne som "rummets härskarinna" och "tidscyklernas skapare". Vi upprätthålls av Modern eftersom hon är den "ocean av ljus i vilken våra själar lever" och alla naturens element "Eld, Luft, Vatten och Jord" lyder henne.

Dottern: Dotterns aspekt i den Gudomliga Treenigheten är Visdom.
Dotter = Sofia = Visdom.

Som kanske kan förstås i samband med det nya sofianska medvetande som håller på att utveckla sig i västvärlden, är det av stor vikt att skilja mellan Dottern och Modern å ena sidan, och mellan Dottern och den Heliga Själen å andra sidan. Sambandet mellan Dottern och hennes motsvarighet i den Heliga Treenigheten, Sonen, är lika viktig. Motsvarigheten till ovanstående samband är:

Sonen =Kristus = Ordet (Logos)

Centralt för den kristna teologin är inkarnationen av den Heliga Treenighetens Andra Person, Kristus, i Jesus. På liknande sätt är inkarnationen av den feminina Treenighetens Andra Person, Sofia, i Maria central för sofiologin. Uttryckt med den ryske sofiologen Sergei Bulgakovs ord:

Den allra Heligaste Guds Moder är den skapade Sofia och är erkänd och vördad som sådan av den Ryska Kyrkan. Därför är hon upphöjd som "mer högtstående än Kerubim, mer strålande än Serafim" och a fortiori, heligast bland människor.....Visdom är ett med den allra Heligaste Guds Moder, som är skapelsens krona, himmelens och jordens Drottning.[41]

Som det beskrevs i det första kapitlet identifierade de tidiga kristna teologerna felaktigt Sofia med Logos eller Kristus. De kände till Sofia från det Gamla Testamentet, och Logos från de grekiska filosoferna och från *Johannesevangeliets* inledning: "I begynnelsen var Ordet och Ordet var hos Gud..." På grund av likheten i detta uttalande med uttalandet om Sofia: "Herren skapade mig som det första, som begynnelsen av sitt verk..." (*Ordspr. 8:22*), identifierade dessa tidiga teologer Sofia med Logos. Det finns även andra skäl till detta misstag, vilket redogörs för i inledningen till kapitel ett och inte ytterligare behöver tas upp här. Huvudpoängen är att på grund av denna felaktiga identifikation, försvann Sofia faktiskt i väst. Men tack vare den ryska religiösa traditionen försvann Sofiaväsendet emellertid inte helt och hållet från mänsklighetens medvetande.

I traditionell kristen teologi i väst blev Sofia mer eller mindre införlivad i Logos, så att vi kan betrakta Sofia som "gömd" bakom Kristus fram till och med nu, åtminstone i väst. Under 1900-talet är det emellertid möjligt att i viss mån tala om Sofias återframträdande, särskilt genom att det öppnas upp en ny förbindelse med Ryssland. Ett första steg i detta uppvaknande är att skilja mellan Kristus och Sofia, Lammet och hans Brud. Kristus är Logos, det skapande Ordet, och Sofia är den Visdom som ligger bakom Ordet. När vi samtalar finns det vanligtvis ett tankeinnehåll bakom det talade ordet och så är det också med Ordet och den Visdom som ligger bakom det. Även om de är starkt sammanflätade är Ordet (Logos) och Visdom (Sofia) skilda väsen.

Den Heliga Själen: Under förkristen tid var den Heliga Själen känd för Israels folk som *Shekinah.* Hon förde fred och harmoni in i gemenskapen, när hon verkade i "gemenskapens själ". Efter Johannes Döparens halshuggning, blev Johannes lärjungarnas "gruppsjäl" och var som sådan ett uttryck för den Heliga Själens verksamhet - detta tack vare att individualiteten Johannes verkade från den andliga världen.

Den Heliga Själens verksamhet är förbundet med kärlekens mysterium. Detta kommer till uttryck som impulsen till gemenskapsbildning bland andligt sökande människor. I Gamla Testamentet var *Shekinahs* (den Heliga Själens) verksamhet särskilt inriktad på Israels folkgemenskap för att förbereda för Kristi första ankomst. Nu i vår tid är det gemenskapens uppgift att förbereda och förverkliga Kristi återkomst. Denna kärleksimpuls innebär, trots att den är riktad till hjärtat, inte bara fromhet och hängivenhet utan också kunskap. Genom kunskap om den Allraheligaste Trinosofia odlas den sofianska impulsen och i och med detta förbinder vi oss med den centrala impulsen av Kristi återkomst i det eteriska.

Strålande Heliga Treenighet: Med dessa tre aspekter visar sig de tre Personerna i den sofianska Treenigheten: Modern som motsvarighet till Fadern, som är "den ideala substansen, skapelsens grund, dess kraftkälla; Dottern, som motsvarighet till Sonen, som är "skapelsens orsak, dess mening, sanning eller berättigande"; och den Heliga Själen, som motsvarighet till den Helige Ande, som är "skapelsens andlighet, dess helighet och obefläckade renhet, det vill säga dess skönhet."

Hur ser sambandet ut mellan de två treenigheterna? Detta kan åskådliggöras med bilden av ett hexagram, en sexkantig stjärna som innehåller två tringlar: Fadern, Sonen och den Helige Ande; Modern, Dottern och den Heliga Själen (se figur sid 89) Dessa två tringlar som visar den strålande Heliga Treenigheten uppenbarar skapelsearbetet genom Fadern (transcendent) och Modern (immanent), den gudomliga manifestationen av Kristus och Sofia i Jesus och Maria, och vävandet av kärlek och upplysning som går genom skapelsen genom den Helige Ande och den Heliga Själen.

Dessa två tringlar visar schematiskt relationen mellan de två treenigheterna. Den anonyma författaren till *Tarotmeditationer* betecknar detta som "den bi-polära Treenigheten" eller den "den Strålande Heliga Treenigheten", om vilken han skriver:

Dessa två trianglar av den strålande Heliga Treenigheten visar försoningsverket som åstadkoms genom Jesus Kristus och möjliggjordes av Maria-Sofia. Jesus Kristus är dess agent och Maria-Sofia dess strålande reaktion. De två trianglarna visar den strålande Heliga Treenigheten i skapelsearbetet genomfört av det skapande Ordet och belivat av bejakandet från Visdomen - Sofia.[42]

Den sofianska Treenigheten kallas i denna bok för den "Heliga Trinosofia", och är komplementär till den Heliga Treenigheten. Som stöd för detta sofiologiska perspektiv på den Heliga Trinosofia, med Modern, Dottern och den Heliga Själen, uppmärksammar den anonyme författaren den antika mysteriekulten med Demeter (Moder Jord) och Persefone (hennes dotter) som utövades i Eulusis nära Aten - den stad som stod under Atenas (en aspekt av den Heliga Själen enligt den anonyme författaren) beskydd. Genom Demetermyten blev åtminstone två aspekter av den Heliga Trinosofia tydliga för grekerna. Den anonyme författaren identifierar vidare *Shekinah* i den hebreiska traditionen som en aspekt av den Heliga Själen, som i detta fall besjälar den israelitiska gemenskapen. Det finns här inte utrymme att gå in mer i detalj, och den intresserade läsaren hänvisas till *Tarotmeditationer* för vidare studier. Det är tillräckligt att nämna att detta perspektiv på den sofianska Treenigheten erbjuder en grund för sofiologi, som kan jämföras i omfattning och storslagenhet med den kristna teologins läror om den Heliga Treenigheten. Men hur står detta i förhållande till Fader Thomas Schipflingers *Sophia-Maria* och dess centrala tes med Sofias inkarnation i Jungfru Maria?

Låt oss betrakta denna fråga med bakgrund av den sofianska Treenighet som beskrivs i *Tarotmeditationer:* "Precis som Ordet blev kött i Jesus Kristus, så blev Bath Kol, Röstens Dotter, kött i Maria Sofia". Slutsatsen här är att det finns en inkarnationsanalogi mellan den Andra Personen i den Heliga Treenigheten, Sonen (Ordet), som blev kött i Jesus Kristus och Dottern (Visdomens Sofia), som blev kött i Sofia Maria. Denna analogi sammanfattas i nedanstående figur:

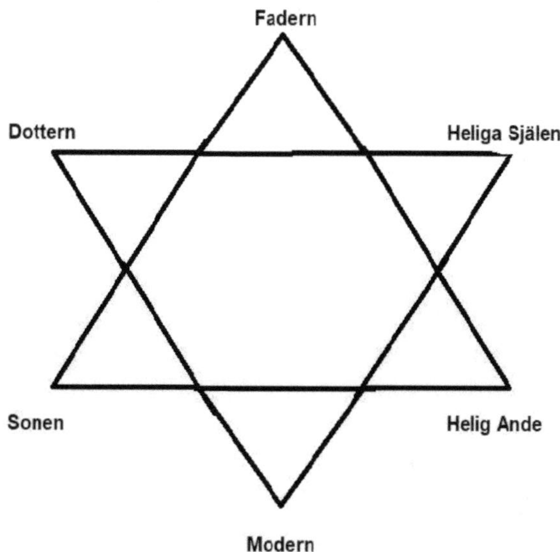

I och med kristendomens framträdande drogs en slöja över mysteriet med det Gudomligt Kvinnliga. Demeters mysteriecenter i Eleusis och liknande centrum, tex Artemis i Efesos, stängdes. Men nu i det tjugonde århundradet kommer den gudomliga feminina aspekten av vår existens tillbaka, och återuppstår i människors medvetande. Det sofiologiska perspektivet på Modern, Dottern och den Heliga Själen är en aspekt av detta återframträdande av det Evigt Femininas mysterier. En annan aspekt är sambandet mellan Sofia och Jungfru Maria, vilket utgör centralmotivet i Fader Thomas Schipflingers bok. Tack vare hans bok har mysteriet med Sofias inkarnation i Maria, vilket varit dolt i nästan två tusen år, blivit avtäckt. Detta verk kan stimulera sina läsare att meditera över detta djupa mysterium, in i vilket ytterligare forskning behövs. Vi hittar bara indirekta spår av detta mysterium i Bibeln, sådana som orden: "Efteråt visade hon sig på jorden " (*Baruk 3:37*). Genom sofiatraditionen som Schipflinger i detalj undersökte, kom någonting av detta mysterium fram i ljuset. På så sätt har han i sin *Sophia-Maria* gjort alla sökare efter Gudomlig Visdom en stor tjänst.

Med hjälp av föregående framställning, är det nu möjligt att utveckla Daniel Andreevs idéer, kortfattat antydda i hans inledande ord om det Gudomligt Kvinnliga. Där hänvisar han till Treenigheten Fadern - Modern – Sonen; det vill säga att han ser Sonen som den Gudomlige Faderns och den Gudomliga Moderns avkomma. Men i ljuset av ovanstående framställning är både Sonen (Kristus) och Dottern (Sofia) Faderns och Moderns avkommor. Och precis som den Helige Ande väver mellan Fadern och Sonen, så väver den Heliga Själen mellan Modern och Dottern. Tydligen finns det mycket mer som skulle kunna sägas om dessa relationer.

Om man betraktar de tre Personerna i den Heliga Trinosofia – Modern, Dottern och den Heliga Själen - så är den Heliga Själen det största mysteriet. Eftersom den Heliga Själen visar sig som gemenskapens själ, innehåller alla karaktäriseringar av den Heliga Själen en beskrivning av den gemenskap hon omfattar. Liknande synsätt försökte vi oss på i föregående föredrag vad gäller den Heliga Själen, när vi tog Rudolf Steiners antydan om de fyra gånger tolv individerna som utgångspunkt. Den gemenskap som antyds är den vid Kristi återkomst, med dess fokus på fyra grupper med tolv individer som inkarnerar i intervaller under loppet av 1900-talet. Denna gemenskap beskrivs i analogi med Israels gemenskap, med de tolv israelitiska stammarna som en parallell. Den israelitiska gemenskapen fanns vid Kristi ankomst och baserades på blodsband, medan gemenskapen vid Kristi återkomst, som visar sig under 1900-talet och i framtiden, är en gemenskap som bygger på karmiska relationer. Det vill säga på relationer som uppstått i tidigare inkarnationer. Detta utgör grunden för den Heliga Själens besjälande verksamhet.

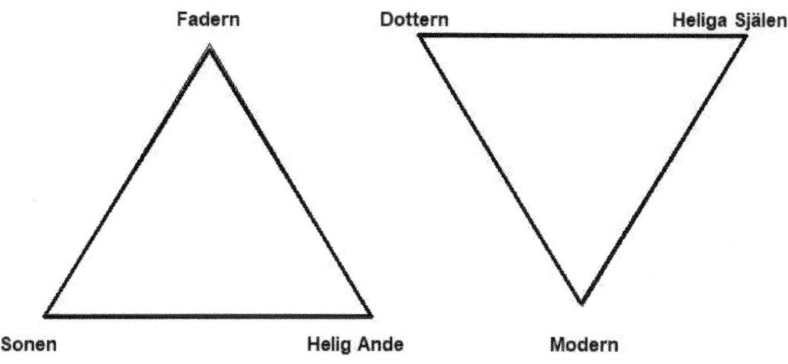

Om man tar Rudolf Steiners antydningar om fyra gånger tolv individer på allvar betyder det att många mycket betydelsefulla individer har inkarnerat under loppet av 1900-talet. Det finns emellertid ingen anledning att spekulera i vilka dessa personer kan vara och var de funnits. Antingen finns konkret kunskap om reinkarnerade individer, eller så är det fråga om spekulation. Men kanske är det utifrån Rudolf Steiners antydningar själva, möjligt att här komma till ett visst mått av kunskap.

Tex säger han i del 3 och 4 av *Karmiska Sammanhang* till sina åhörare: "De som nu har tagit emot antroposofi på allvar, har förberett sina själar på att korta ner livet mellan död och ny födelse så långt som möjligt och kan komma tillbaka igen i slutet av 1900-talet tillsammans med lärarna från Chartres." och "De som ut ur dessa stora beslut känner impulsen att komma till det antroposofiska livet idag, kommer att bli kallade igen vid slutet av 1900-talet, när vid en kulminerande tidpunkt den största möjliga expansion av antroposofin kommer att uppnås." Här verkar Rudolf Steiner vara säker på att vid slutet av seklet skulle de som han talade till vid detta tillfälle (1924) vara tillbaka på jorden, efter att snabbt ha reinkarnerat för att åter vara närvarande vid antroposofins höjdpunkt, när "den största möjliga expansionen av antroposofin kommer att uppnås"; och att även Chartres lärare skulle vara inkarnerade på jorden vid denna tidpunkt. I ett av karmaföredragen nämner han några av dessa lärare i Chartres-skolan: Peter av Compostella, Bernard av Chartres, Bernardus Silvestris, John av Sallisbury, Henri d´Ándeli, och framför allt Alain de Lille. Han hänvisar vid upprepade tillfällen till Alain de Lille, vars latinska namn är Alanus ab Insulis. Så om Rudolf Steiners uttalande är riktigt är det högst troligt att Alanus ab Insulis, som med säkerhet är en av de fyra gånger tolv individer som Steiner refererade till, har inkarnerat under loppet av 1900-talet och tillhör en av de fyra grupper av tolv som utgör Kristi återkomsts själsgemenskap.

Hur det än står till med detta tyder metamorfosen av Kristi ankomsts gemenskap - den israelitiska gemenskapen- till Kristi återkomsts gemenskap, på att just så som det fanns tre patriarker i den israelitiska gemenskapen, så finns det tre lärare i återkomstens karmiska gemenskap. Dessa tre lärare beskrevs kortfattat i föredraget om den Heliga Själen. Den följande delen av denna bok, ursprungligen baserad på föredraget "De tre andliga lärarna ", utvecklar detta vidare och bör betraktas som en fortsättning av föredraget om den Heliga Själen i *Allraheligaste Trinosofia*. Det som emellertid måste understrykas när man tar upp de här tre lärarna, är att det finns många andra betydelsefulla individer som nu är inkarnerade, eller som har varit inkarnerade under 1900-talet. Alanus ab Insulis är ett utmärkt exempel. Ett annat är den store lärare som är känd som Master Jesus:

Som ett svar på frågan om Guds Vän från Oberland, svarade Rudolf Steiner att han var Master Jesus, som hade inkarnerat en gång varje århundrade sedan Golgata-mysteriet. Beträffande frågan om han var inkarnerad vid tillfället, gavs svaret att han fanns i de Karpatiska bergen, och Rudolf Steiner antydde att han stod i kontakt med honom på andlig väg. (meddelat av Friedrich Rittelmeyer, odaterat)[43]

Master Jesus nämns här som en som inte är en av de tre lärarna i fråga, och ändå kvalificerar hans andliga betydelse honom som en av de stora andliga lärarna under 1900-talet.

Medan Rudolf Steiner måste erkännas ha en överordnad betydelse som grundare av antroposofin, bör det påpekas som en förberedelse inför vad som följer att det är möjligt att betrakta den antroposofiska rörelsen som mer än en samling individer som följde Rudolf Steiner. Den kan betraktas som en levande gemenskap som utvecklar sig med olika lärare och karmiska grupper. Det är till denna levande gemenskap som följande är riktat.

Författaren skulle också vilja klargöra att medan han så långt det är möjligt är säker på sanningshalten i innehållet han presenterar i denna bok, inte på något sätt förväntar sig att läsaren skall tro honom rakt upp och ner. Som mest hoppas han på att någon form av gensvar väcks i läsaren vad beträffar de idéer som presenteras här, de viktigaste tre som följer:

1. Trefalden det Gudomligt Kvinnliga (den Allraheligaste Trinosofia: Modern, Dottern och den Heliga Själen, så som beskrivits tidigare i boken).

2. De tre lärarna under det nittonde århundradet (där den tredje fortsätter att undervisa in i det nya millenniet) som - vilket presenteras i det följande - kan ses i samband med Mikael, Kristus och Sofia.

3. Den karmiska gemenskap med fyra grupper eller generationer som levt eller lever i det tjugonde århundradet och in i det nästa. Deras andliga motto är "Michael-Sophia in nomine Christi", vilket kommer att utvecklas mer detaljerat i det följande.

Dessa tre andliga idéer kan betraktas som hypotetiska, som hypoteser som varje läsare själv kan pröva om de möter genklang och samband med vad läsaren redan vet är sant eller inte sant.

Vad beträffar dessa idéer, för att nämna det där det är tillbörligt, skulle författaren vilja ta tillfället i akt att uttrycka sin tacksamhet till Rudolf Steiner och de ryska sofiologerna, särskilt Pavel Florensky och Valentin Tomberg. Här skulle författaren också vilja förklara varför han inte nämnt de tre lärarna vid namn. Först och främst måste de andliga väsen som de representerar tillåtas komma i förgrunden. Dessa tre – Mikael, Kristus och Sofia – kan alla vända sig till som inspirationskällor. I det tjugonde århundradet, och vad gäller den tredje läraren också i det tjugoförsta, finns tre människor som representerar Mikael, Kristus och Sofia på ett speciellt sätt, vilket kommer att förtydligas i det följande. Här kan det räcka med att återigen hänvisa till mottot: "Michael-Sophia in nomine Christi", vilket representerar själva kärnan i den nya andligheten i vår tid, som omfattar "framträdandet av det Gudomligt Kvinnliga".

För det andra, vad beträffar den tredje, kvinnliga inkarnationen av Raphael-Novalis individualitet, som nämndes i föregående kapitel: att nämna någons namn skulle innebära att bryta den esoteriska principen att inte så göra när det gäller levande personer, vilka är inkarnationer av historiska personligheter. Denna princip höll Rudolf Steiner fast vid. Så, vilket också nämndes i föregående kapitel, talade Rudolf Steiner år1921 om en inkarnation av Jeshu ben Pandira, den framtida Maitreya Buddha, runt år 1900, vars aktiviteter skulle märkas ungefär 15 år senare, d.v.s runt 1936 och framåt. Men han nämnde inte dennes namn i hans nya inkarnation under 1900-talet. Detta exempel visar den esoteriska principen på ett utmärkt sätt. Det är naturligt att vilja få ett namn för att kunna förbinda sig, så att säga. Om man känner till tidigare inkarnationer, som i fallet med Raphael-Novalis som är den återfödda Johannes Döparen, är det möjligt att få ett djupare kontakt genom att fokusera på tidigare inkarnationer. Man kan tänka på alla de olika ikonerna av Gudomliga Sofia, som har Johannes Döparen vid sin sida - och genom detta få en upplevelse av hans nära samband med Sofia, en upplevelse som blir större när man är medveten om att denna individualitet för närvarande finns inkarnerad (som kvinna) som en representant för Sofia.

Beträffande detta att "ställa fram andliga samband" - och syftet med denna bok är att hjälpa till att främja en relation till de inspirerande väsendena: Mikael, Sofia och Kristus – så kan i vår tid det att bara nämna vissa personers namn skapa kontroverser, även om de har levt exemplariska, moraliska och rättskaffens liv. Uppmärksamheten riktas då snarare till personligheten än till det andliga väsen som den representerar. Författaren har varit med om sådana motsättningar många gånger, och sett hur högre perspektiv förmörkats. Därför har han tagit beslutet att inte nämna *någon* av dessa lärare vid namn i hopp om att läsaren kan rikta uppmärksamheten mot högre andliga nivåer. Hans förhoppning är att högre andliga perspektiv då kan visa sig, vilket är det egentliga motivet för att ge sig in på följande diskussion om de tre andliga lärarna.

DET GUDOMLIGT KVINNLIGAS NYA FRAMTRÄDANDE

Centralt för Daniel Andreevs *the Rose of the World* är hans vision om den Himmelska Rosens nedstigande, d.v.s. Sofias nedstigande, eller för att använda Andreevs uttryck "Zventa Sventanas". Han skådade Sofias närmande till Jorden, som formade "the Rose of the World" i den eteriska sfären runt Jorden. Enligt Andreev kommer denna händelse att betyda födelsen av en ny kultur i Ryssland och i de slaviska grannländerna, en kultur som kommer att sprida sig därifrån och över hela världen. Denna nya framtida kultur kommer att införliva det Gudomligt Kvinnliga och bli en hjärtats kultur grundad på broderlig och systerlig kärlek.

Denna vision stämmer med Rudolf Steiners beskrivning av en högstående framtida kultur, vilken han kallade för "Philadelphia", i betydelsen systerlig/broderlig kärlek. Namnet Philadelphia är hämtat från tredje kapitlet i Uppenbarelseboken. Denna kultur kommer enligt Steiner att uppstå i Vattumannens tidsålder. Förberedelser för detta äger rum för närvarande under den sista delen av Fiskarnas tidsålder, särskilt sedan den Nya Tidsålderns inträde år 1899.

Rudolf Steiner var den första att mynta uttrycket "New Age" – och för honom hade det en speciell betydelse, taget från den hinduiska kronologin med *yugas*. Hinduiska läror om yugas beskriver de fyra senaste tidsåldrarna: Den Gyllene Tidsåldern i det längst förgångna, vilken varade i 20 000 år; följt av Silver Tidsåldern, som varade under en period på 15 000 år; sedan Brons Tidsåldern, som varade i 10 000 år och som följdes av Järn Tidsåldern, som varade i 5 000 år.

Järn Åldern, eller *Kali Yuga,* refereras till som den Mörka Tidsåldern. Hinduisk kronologi daterar denna till den 17/-18:e februari år 3102 f. Kr. (= astronomiskt 3101). Den varade i fem tusen år och hade sitt slut år 1899. Enligt forskning som presenterats i min bok *Chronicle of the Living Christ,* upphörde Kali Yuga den 10:e september 1899. Den nya Tidsåldern, *Satya Yuga,* är den Ljusa Tidsåldern och varar 2500 år, eller halva *Kali Yugas* tid. I den hinduiska kronologin accelererar evolutionen uppenbarligen, då varje yuga blir kortare än den tidigare. Med början i det tjugonde århundradet kom mänskligheten in i den Nya Tidsåldern, som kommer att vara till 4399.

Sett i relation till daterandet av Vattumannens Tidsålder finns det överlappning med den Nya Tidsåldern. Detta har lett till att många felaktigt identifierat den Nya Tidsåldern med Vattumannens Tidsålder. Genom att följa den retrograda rörelsen i vårdagjämningen, solens placering i zodiaken, är det möjligt att datera Vattumannens Tidsålder exakt. Den nuvarande placeringen av vårdagjämningen är något mer än 5 grader i Fiskarna, vilket betyder att vi fortfarande befinner oss i Fiskarnas Tidsålder.[44] Eftersom varje tecken är 30 grader långt och eftersom vårdagjämningen rör sig baklänges 1 grad vart 72:a år, är varje djurkretstecken 2160 år långt eller 30x72 år. För att röra sig bakåt 5 grader behövs det 360 år eller 5 x 72 år; och mätt från år 2000, kommer det att ta exakt 375 år att nå 0 grader i Fiskarna och gå in i Vattumannens Tidsålder, eftersom vårdagjämningen år 2000 befinner sig 5 grader och 12 ½ minuter in i Fiskarna. (För mer detaljerad beskrivning se min *Hermetic Astrology,* vol. 1 kapitel 3.)

Astronomiskt kommer Vattumannens Tidsålder att inledas år 2375 och vara 2160 år, med avslut år 4535. Slutet på Vattumannens Tidsålder inträffar därför kort därefter – i själva verket 136 år – efter slutet på den Nya Tidsåldern. Det betyder att den Nya Tidsåldern omfattar den sista delen, lite mer än den sista femtedelen, av Fiskarnas Tidsålder och nästan hela Vattumannens Tidsålder. Den Nya Tidsåldern leder oss sålunda över till Vattumannens Tidsålder.

Med den Nya Tidsålderns början år 1899, har något av den sofianska kulturen i Vattumannens Tidsålder redan börjat strömma in. Det var år 1900 som tre unga ryssar, inspirerade av den store ryske filosofen Vladimir Solovjev, träffades: Andrei Belyi, Aleksander Blok och Sergei Solovjev (systerson till Vladimir) – de två första var erkända stora ryska poeter. De upplevde att en ny era tillägnad Sofia hade börjat och att de var budbärare eller profeter för denna Nya Tidsålder.[45]

1899 var också det år som Rudolf Steiner, då 38 år gammal, hade en djup andlig upplevelse som förändrade hans levnadsbana. Denna erfarenhet, som han nämner i sin självbiografi,[46] förvandlade honom till en andlig lärare och bärare av Antroposofia, västvärldens motsvarighet till den ryska sofiologi-strömningen som uppstod under Solovjevs inflytande. En länk mellan de två strömmarna är tydlig i Andrei Belyis fall, eftersom han blev antroposof. Belyi väckte i sin tur en ledande ortodox teolog, Pavel Florenskys, intresse för antroposofi. [47]

Mot denna kronologiska bakgrund är både antroposofin och sofiologin exempel på den begynnande Nya Tidsåldern, när de visar på det nya framträdandet av det Gudomligt Kvinnliga som kommer att kulminera i Vattumannens Tidsålder. Denna nya inströmmande impuls kommer att bli allt starkare när vi nu närmar oss Vattumannens Tidsålder. Redan i slutet av 1900-talet började ett vidsträckt uppvaknande inför det Gudomligt Kvinnliga bli tydligt - antingen som intresse för den Gudomliga Modern,[48] den Gudomliga Sofia,[49] eller för Jungfru Marias[50] framträdanden. Dessa och många andra tecken och fenomen bär alla vittnesbörd om det nya framträdandet av det Gudomligt Kvinnliga.

Vi kan emellertid uppmärksamma detta utan att påpeka att det är Kristus – i sin eteriska närvaro som Parousia (grekiska för "närvaro") – som är den ledande kraften i den Nya Tidsåldern och som står bakom det Gudomligt Kvinnligas framträdanden. Detta är underförstått i de tre föredragen "den Allraheligaste Trinosofia", som ursprungligen framfördes vid en konferens om Kristi återkomst och som omfattar några av de första kapitlen i den här boken. Här är det på sin plats att göra detta samband mer tydligt. För att kunna göra det måste vi emellertid gå närmare in på Kristi återkomst. Hur kan vi förstå denna händelse? I det som följer skall vi se närmare på uppstigandet och nedstigandet med perspektivet av Kristi eterkropp, medan vi i de föregående kapitlen som behandlade Dottern och den Heliga Själen, hade Kristusjaget som utgångspunkt.

På ett sätt är det möjligt att förstå Kristi återkomst som Kristi reinkarnation. Men medan han inkarnerade i en fysisk kropp för tvåtusen år sedan, inkarnerar han nu i en eterisk kropp. Det finns sålunda en väsentlig skillnad mellan dessa båda inkarnationer, vilket har att göra med skillnaden mellan den fysiska och den eteriska kroppen. Om någon är inkarnerad i en manlig fysisk kropp, är den eteriska kroppen kvinnlig. Om å andra sidan en inkarnation sker i en kvinnlig fysisk kropp är den eteriska kroppen manlig.

För två tusen år sedan inkarnerade Kristus som man i en patriarkal kultur och valde tolv manliga lärjungar som sina apostlar. Detta betyder att Jesus Kristus hade en kvinnlig eterkropp. Denna eteriska kropp var andligt omvandlad till en strålande, livgivande och helande substans, och var källan till hans helande verksamhet och mirakler. Vid ett vanligt dödsfall skiljer sig eterkroppen från den fysiska kroppen och lämnar denna bakom sig som ett lik och löser sedan upp sig i den kosmiska etern efter ungefär tre dagar. Vid Jesu Kristi död och uppståndelse löste hans eterkropp emellertid inte upp sig, eftersom den var helt förvandlad, utan förblev intakt och utvidgade sig i kosmos enligt den 33 1/3-årsrytm hans eterkropp hade. Som tidigare påpekats var 33 1/3 år den tid Jesus Kristus levde mellan sin födelse i Betlehem och uppståndelsen.[51] Den eteriska kroppen innehåller alla minnen av erfarenheter som upplevts mellan födelse och död, och eftersom han liv varade 33 1/3 år är detta Jesus Kristus eteriska kropps rytm.

En annan rytm, som det talas om i kapitel 2, är 100-års rytmen som är 3 x 33 1/3 år. Hundraårs rytmen är den tid det tar för tre faser av Kristus impulsen att utveckla sig, nämligen de tre nivåerna av tanke, känsla och vilja - och varje fas består av 33 1/3 år. Denna 100-årsrytm är nyckelrytmen vad gäller Kristi eteriska kropps expansion i kosmos, genom de nio andliga hierarkierna och genom planetsfärerna.

Expansionen började efter Mysteriet på Golgata år 33. Utan att nu följa den i detalj ägde den rum i Månsfären - den närmaste planetsfären, Änglarnas sfär - mellan år 33 och 133. Och expansionen genom Saturnus sfär - den mest avlägsna planetsfären, Serafims sfär - ägde rum mellan 833 och 933. Under den följande 33 1/3-årsperioden från 933 till 966 skrevs Jesu Kristi liv, som skrivits in i hans eterkropp, in i fixstjärnornas zodiakiska område bakom de planetariska sfärerna. Denna inskrift tjänar som den högsta arketypen för mänsklig biografi. År 966 innebar vändpunkten för Kristi eterkropps expansion. Den anger "midnattstimmen" för Kristus tillvaro mellan den första ankomsten till Jorden och återkomsten.

Perioden mellan 966 och 999 i fixstjärnevärlden speglade perioden mellan 933 och 966, och år 999 började nedstigningen genom de planetariska sfärerna, genom de nio hierarkiska regionerna, allt medan 100-årsrytmen följdes. Perioden mellan 999 och 1099 innebar nedstigningen genom Saturnussfären, Serafims sfär. Och intervallet från 1799 till 1899 var Kristi eterkropps färd genom Månsfären, Änglarnas sfär. Det finns sålunda en tydlig spegling mellan stadierna i uppstigningen och nedstigningen. (se figuren)

En studie av stadiernas datering i upp- och nedstigningen av Kristi eterkropp visar att de ofta sammanträffar med viktiga vändpunkter i kristendomens historia. Tex talade Rudolf Steiner upprepade gånger om betydelsen av år 333, när Kristusimpulsen nådde Solsfären.[52] Detta föregicks av Kristi eterkropps expansion i Månsfären (33–133), Merkuriussfären (133–233) och Venussfären (233–333). Det första ekumeniska konciliet hölls i Konstantinopel år 325 (efter vilket kristendomen i allt högre grad blev en statsreligion i det romerska riket, efter att ha utstått allvarliga förföljelser under de tre första århundradena), och sammanföll nära med år 333. Det ekumeniska konciliet år 325 kan betraktas som en yttre synbar händelse; Rudolf Steiner refererade till en dold händelse som ägde rum runt 333: ett rådslag mellan kristna invigda vid Svarta Havet, vilket var av stor betydelse för den esoteriska kristendomen.[53]

Kristi eterkropps expansion genom Solsfären, med de tre hierarkierna av andliga väsen, tog 300 år, (3x100) från 333 till 633. Detta följdes av passagen genom Mars sfär från 633 till 733. Denna period karaktäriserades av konflikten med Islam. Muhammed dog 632, och Islam började expandera snabbt; spred sig till Spanien och hotade att tränga in i Frankrike över Pyrenéerna. Den islamiska spridningsvågen stoppades emellertid 732, när Karl Martell besegrade de invaderande araberna vid slaget i Poitiers. Det avgörande ögonblicket sammanföll med slutet av Kristi eterkropps expansion i Marssfären.

Ytterligare expansion ägde rum i Jupitersfären mellan 733 och 833. Detta var under den karolingiska renässansen under vilken Karl den Store kröntes till helig romersk kejsare. Den karolingiska makten började emellertid avta när Karl den Stores son, Louis den Fromme, blev tvungen att dela riket mellan sina fyra söner 833. Åtminstone en forskare daterar ytterligare en händelse av stor betydelse för esoterisk kristendom, vilken sammanföll med denna yttre händelse: nämligen Parsifals kröning till Gralskonung.[54]

Ännu några "intressanta sammanträffanden" är värda att nämna. År 966, det år som ovan nämndes som "midnattstimmen" eller vändpunkten mellan Kristi eterkropps expansion och sammandragning, blev Polen kristnat. År 1099, vid övergången från Saturnus- till Jupitersfären under Kristi eterkropps nedstigande, återtog korsriddarna Jerusalem från Saracenerna, och Godfrey av Bouillon kröntes till Jerusalems konung. Runt 1799, vid övergången från Merkuriussfären till Månsfären under nedstigningen, föddes den romantiska rörelsen i Tyskland genom poeten Novalis, vars *Hymner till Natten* och *Andliga Sånger*, skrevs vid den här tiden och rankas som den romantiska poesins stora verk. 1899-1900, som redan tidigare nämnts, möttes den "Gudomliga Sofias Riddare" - Andrei Belyi, Aleksander Blok och Sergei Soloviev - i Ryssland för att hedra den Nya Tidsåldern, vilket sammanföll med Kristi eteriska kropps återinträde i den Jordiska eterauran från Månsfären.

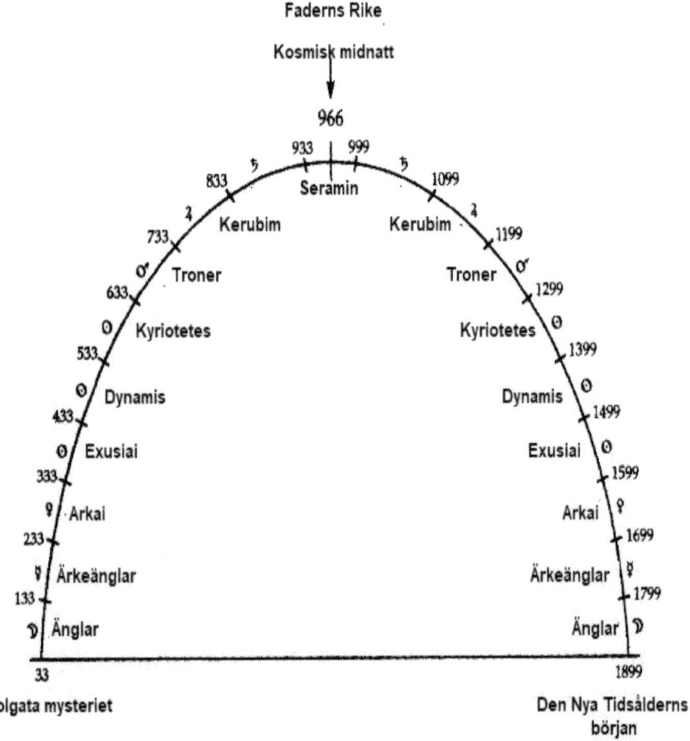

Alltsedan 1899 har 33 1/3-årsrytmen blivit den dominerande rytmen i den Nya Tidsålderns utveckling, och delar upp 1900-talet i tre delar:
    (i)   1899–1933
    (ii)   1933–1966
    (iii)   1966–1999

Dessa tre delar anger tre faser i den eteriske Kristus inkarnation, eller "reinkarnation", under 1900-talets lopp.

Den första fasen var perioden då den eteriske Kristus var särskilt aktiv på tänkandets nivå. Under denna fas agerade Rudolf Steiner som den "eteriske Kristus ambassadör" när han förde fram antroposofin. Hela antroposofin återspeglar den eteriske Kristus inkarnation på tänkandets nivå under perioden 1899 till 1933.

När 33 1/3-årsrytmen utvecklas är den viktigaste perioden alltid de sista 3 ½ åren, vilket motsvarar Kristi gärning mellan Dopet i Jordan och Golgatamysteriet. Som det berättas i Lukasevangeliet var Jesus när han inledde sin gärning omkring 30 år (Luk 3:23). Som jag har visat på annat håll, var han i själva verket 29 år och 9 ½ månad vid Dopet.[55] Från Dopet till Uppståndelsen ser vi en period på 1 290 dagar, eller närmare 31/2 år. Det var vid Dopet som Kristus förenades med Jesus, då Gudamänniskan Jesus Kristus skapades. Han som undervisade, helade, och utförde mirakel under 3 ½ år innan han dog och uppstod från de döda vid Uppståndelsen. De sista 3 ½ åren av varje 33 1/3-årsperiod är därför alltid de mest betydelsefulla, eftersom de motsvarar Kristi gärning. I utvecklingen av 33 1/3-årsrytmen under 1900-talet har det funnits tre sådana perioder:

(i)   1929–1933
(ii)   1962–1966
(iii)   1996–1999

Rudolf Steiner, som började sin undervisningsverksamhet
år 1900, dog 1925 och fick inte uppleva åren 1929–1933.
Men inte desto mindre talade han om åren från 1930 och
framåt som speciellt betydelsefulla för skådandet av den
eteriske Kristus, och han nämnde särskilt år 1933 i detta
sammanhang.[56]

För att få en bild av den eteriske Kristus inkarnation under
loppet av 1900-talet kan det vara till hjälp att påminna sig
om Rudolf Steiners uttalanden om hur tänkandet, känslan
och viljandet står i relation till människokroppen: tänkandet
i huvudregionen, känslan i bröst-lung-hjärtområdet, och vil-
jan i ämnesomsättningsområdet och lemmarna. (se figur
nedan)

Figuren uttrycker de tre faserna i den eteriske Kristus ned-
stigning eller inkarnation ovanifrån genom tankens, käns-
lans, och viljans nivåer genom de tre perioderna under
1900-talet, mellan 1899 och 1999. Mot denna bakgrund vi-
sar sig idén om de tre lärarna i nytt ljus. Dessa nämndes i
föredraget om den Heliga Själen och de var aktiva under
dessa tre perioder under 1900-talet. De tre lärarna be-
skrevs i relation till (i) tankens kraft (ii) ordets moraliska
kraft och (iii) kärlekens och medkänslans impuls. Rudolf
Steiner, som den betydelsefulla läraren av ett nytt tänk-
ande (antroposofi), är tydligtvis Kristi "ambassadör" på tän-
kandets nivå. Steiner själv talade om en reinkarnation i

början av seklet av Jeshu Pandira, som bärare av en ny moralisk impuls genom ordets kraft, och som skulle bli aktiv

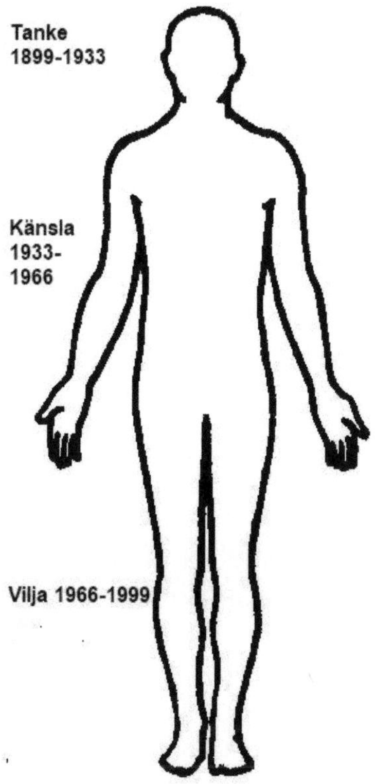

under 1930-talet – en tydlig referens till att en andra lärare skulle bli verksam under den mellersta delen av nittonhundratalet. Och Rudolf Steiner drog också uppmärksamheten till Novalis i förbindelse med slutet av århundradet, antydande en reinkarnation av Novalis som bärare av en ny andlig impuls under den sista tredjedelen av seklet.[57]

Betraktade i relation till de tre faserna i den eteriske Kristus inkarnation – vad kan sägas om de tre lärarna som "Kristus ambassadörer" på tänkandets, känslans, och viljans nivåer?

Låt oss, innan vi tittar närmare på detta, betrakta resultaten av den eteriske Kristus verksamhet på dessa nivåer. På tankens nivå var han aktiv under den första tredjedelen av århundradet, särskilt genom att frambringa det Högre Jaget, eller Kristus Jaget, inom sig själv, i betydelsen av Paulus ord: "Icke Jag utan Kristus i mig" (*Galaterbrev 2:20*) Bilden som förmedlas i *Uppenbarelseboken* (kap 12: 4-7) visar en "en kvinna som skulle föda ett barn...och Mikael och hans änglar ....kämpade mot draken och draken stod framför kvinnan för att sluka hennes barn". Här föder den Gudomliga Sofia sitt barn med hjälp av Ärkeängeln Mikael. Sofia som 'kvinnan klädd i Solen och med Månen under sina fötter och på hennes huvud en krona av tolv Stjärnor ".

Som redan sagts i kapitlet om Dottern kan denna bild ses i samband med antroposofins födelse, genom vävandet mellan Gudomliga Sofia och Rudolf Steiner, och med hjälp av Ärkeängeln Mikael. Framträdandet av antroposofin som en ny uppenbarelse av Gudomliga Sofia i början av den Nya Tidsåldern, är inte ett självändamål. Makrokosmiskt är detta avsett att underlätta den eteriske Kristus inkarnation. Som Rudolf Steiner antydde:

"Under det innevarande århundradet, från och med 30-talet och framåt, kommer Kristus att kunna skådas i eterisk form och många av oss kommer att erfara detta. Andevetenskapen är här för att förbereda detta, och alla som bidrar till arbetet med andevetenskapen hjälper till med denna förberedelse"[58]

Och mikrokosmiskt, på människans nivå, är antroposofins uppgift att underlätta födelsen av det "Gudomliga Jaget" eller "Kristus i mig". All antroposofisk kunskap om utvecklingens andliga natur och om människan är till för att hjälpa till att föra fram Kristus-Jaget, det Högre Jaget. Detta kommer tydligt till uttryck i en central meditation som gavs av Rudolf Steiner vid grundandet av det Antroposofiska Sällskapet, julen 1923:

Gudomliga ljus
Kristus-sol
Värm i våra hjärtan
Lys i våra huvuden att
gott varde
vad vi vill
ur hjärtan grunda
ur huvuden
mot målet föra.[59]

Denna meditation - slutorden i Grundstensmeditationen - är i själva verket mer en bön riktad till den eteriske Kristus, bedjande honom om att födas inom oss, som huvudets och hjärtats ljus och värme; förverkligandet av det som innebär fullföljandet av Paulus ord: "Det är inte längre jag som lever, utan Kristus som lever i mig " (*Galaterbrev. 2:20*).

Resultatet av den eteriske Kristus aktivitet på tankens nivå under den första tredjedelen av 1900-talet, är födelsen av det Gudomliga JAG ÄR, vilket är det dolda eller esoteriska namnet på Kristus. Födelsen av JAG ÄR är sålunda den första gåvan i den Nya Tidsåldern, Kristi återkomsts tidsålder.

Hur relaterar individer med JAG ÄR- medvetande till varandra? Detta är den fråga som följer i kölvattnet av den första fasen av den eteriske Kristus verksamhet. Svaret ligger i bildandet av sanna gemenskaper. Och detta för oss till den andra fasen av den eteriske Kristus verksamhet, på känslans nivå, under den andra perioden av 1900-talet. Denna aktivitet riktades framför allt till känslolivet, och det huvudsakliga resultatet av Kristusimpulsen i känslolivet är sann gemenskap, i Kristi ords anda: "Där två eller tre samlas i mitt namn, där är jag mitt ibland er" (Matt. 18:20). Impulsen att bilda gemenskaper började uppstå i stor skala under 1960-talet som ett av de första resultaten i denna fas av Kristi verksamhet. Sanna gemenskaper, i de ovanstående orden från Matteus-evangeliets mening, är den Nya Tidsålderns andra gåva.

När vi nu kommer till den tredje delen av den eteriske Kristus aktivitet under 1900-talet, på viljans område, finns det två saker att beakta eftersom den mänskliga viljan i en yttre bemärkelse är relaterad till naturen, och i en inre bemärkelse är bärare av ödet.

Låt oss först betrakta förhållandet mellan mänskligheten och naturen. Bara det faktum att vi andas luft, dricker vatten och äter mat sätter oss i relation till naturen på viljans område, ett förhållande som de flesta tar för givet. Naturen förser oss kontinuerligt med sina gåvor och vanligtvis stannar vi inte ens upp för att uppmärksamma detta livsnödvändiga stöd. Tvärtom, i stället för att vara tacksamma för dessa gåvor som naturen ger oss frivilligt, är den moderna mänskligheten benägen att tvinga fram mer och mer från naturen med hjälp av vetenskap och teknologi.

Som vi visade i kapitlet om Modern, söker Kristus i sin återkomst öppna upp för en ny väg till den gudomliga Modern, vars yttre aspekt manifesterar sig i naturens värld. Han väcker upp ett medvetande om Moder Jord som ett levande väsen. Detta kommer att hjälpa mänskligheten att finna ett nytt förhållande till den gudomliga Modern och till hela naturen. Något som kommer till uttryck på ett underbart sätt i Moderbönen (se slutet av kapitlet om Modern). Mänskligheten kan nu börja finna ett medvetet moraliskt- andligt förhållande till den gudomliga Modern och naturens värld. Detta är den tredje gåvan i den Nya Tidsåldern.

Om vi nu vänder oss till den inre aspekten av den mänskliga viljan som bärare av ödet, närmar vi oss ett djupt mysterium. Detta mysterium har att göra med att Kristus skapar ett nytt förhållande till alla människor på ödets nivå. Kulminationen av detta inträffar vid slutet av den tredje 33 1/3-årscykeln, den 3-5:e september 1999, med en repetition av Golgatamysteriet på det eteriska planet - en repetition i bemärkelsen av att den 3-5 september år 1999 representerar höjdpunkten av den tredje 33 1/3-årsperioden och på så sätt påminner oss Kristus Jesus död, nedstigande till underjorden, och uppståndelse. Detta gäller visserligen vid höjdpunkten av varje 33 1/3-årscykels slutfas. Men denna höjdpunkt är speciell, eftersom den markerar kulminerandet av den eteriske Kristus inkarnation genom de tre nivåerna tanke, känsla, och vilja under de tre faserna av 1900-talet. I visst avseende visar det målet med denna inkarnationsprocess, när den kommer till slutet av den första 100-årsperioden sedan början av den Nya Tidsåldern 1899. Å ena sidan har detta mål att göra med Kristus öppnande av vägen till den gudomliga Modern, å andra sidan innebär det en händelse av allra största betydelse i mänsklighetens historia. Rudolf Steiner refererar till detta:

Precis som något skedde i början av vår tideräkning på det fysiska planet i Palestina, i vilket Kristus själv hade den viktigaste rollen – en händelse som haft betydelse för hela mänskligheten – så kommer en betydelsefull händelse åter att inträffa i slutet av 1900-talet, inte på det fysiska planet utan i den värld vi vanligtvis kallar den eteriska. Och denna händelse kommer att ha lika grundläggande betydelse för mänsklighetens evolution som händelsen i Palestina hade i början av vår tideräkning. ...En händelse av djup betydelse kommer att ske i den eteriska världen. Och inträffandet av denna händelse, som har ett samband med Kristus, kommer att göra det möjligt för människor att lära sig skåda Kristus, att se honom. [60]

Den händelse som det här talas om är att Kristus blir Herre över Ödet, eller Karmas Herre, i samband med sin återkomst. Precis som det heter i den kristna trosbekännelsen i samband med hans återkomst: "därifrån igenkommande till att döma levande och döda." Kristus kommer att döma människor efter deras handlingar, med bakgrund av deras öde, både inkarnerade och icke-inkarnerade. Han kommer emellertid inte att döma i yttre mening. Snarare kommer han att väcka samvetet så att människor dömer sig själva i ljuset av sitt väckta samvete. Och genom sina förhöjda samveten, som strålar ut inifrån som ett inre ljus, kommer människor att kunna skåda Kristus. En aning om detta kan alla få, om följderna av att Kristus har blivit Karmas Herre kan förstås i det inre, enligt följande rader: "Jag vet att jag förr eller senare och i varje fall i slutet av mitt liv, kommer att stå inför Kristus och han kommer att se alla aspekter av mitt öde, alla konsekvenser av mina gärningar. Jag är till slut ansvarig för allt jag har satt i rörelse och i Kristi ljus ser jag allt detta och jag vet att jag måste vända alla negativa följder till det goda. Därför söker jag Kristi hjälp och vägledning." På detta sätt är det möjligt att börja närma sig Kristus som Karmas Herre, och detta är den fjärde gåvan i den Nya Tidsåldern, Återkomstens Tidsålder.

När vi nu har tittat på resultaten av den eteriske Kristus verksamhet under den Nya Tidsåldern så här långt, låt oss återvända till att betrakta de tre lärarnas förhållande till allt detta. De tre lärarnas uppgifter blir särskilt tydliga när de ses i relation till det Gudomligt Kvinnligas nya framträdande i sina tre aspekter som Modern, Dottern och den Heliga Själen – den Allraheligaste Trinosofia. Ty detta nya inflödande går hand i hand med den eteriska Kristusimpulsens utveckling. Här kan det vara till hjälp att se tillbaka på figuren med den tredelade människan i samband med de tre nivåerna, tanke, känsla, och vilja, vilken användes för att illustrera den eteriske Kristus inkarnation genom dessa tre nivåer under de tre faserna under 1900-talet. Låt oss betrakta sambandet med den Allraheligaste Trinosofia i dessa tre nivåer. Som redan nämnts var Dottern (Sofia, Gudomlig Visdom) särskilt verksam under den första fasen och visade sig som Kosmisk Visdom (antroposofi) genom den förste läraren på 1900-talet. Traditionellt har sökandet efter Sofia skett gen-om filosofi, men i den Nya Tidsåldern är det nu möjligt att tala om antroposofi som en väg att närma sig Sofia, genom att förhöja och lyfta tankeförmågan.

Om man nu vänder blicken från tänkandets nivå mot viljans nivå, så är det här människans förhållande till den Gudomliga Modern som är av central betydelse. Att en fördjupning av detta förhållande håller på att ske, särskilt under den sista tredjedelen av århundradet, framstår tydligt i den ekologiska rörelsens tillväxt, vilken i viss mån kan ses som en direkt konsekvens av den eteriske Kristus verksamhet i denna nivå. Särskilt under de två sista decennierna har ett utbrett uppvaknande inför Moder Jord som ett levande väsen ägt rum. Detta är tydligt tex genom tillväxten i "gudinnerörelsen". Kulminationen av den eteriske Kristus verksamhet i förhållande till Moder Jord, i slutet av århundradet, innebär ett inflöde av nytt liv till Jorden i stor omfattning, genom inströmmandet av Gudomlig kärlek -vilket betecknar en ny fas i Kristi verksamhet för att förlösa Modern och alla naturens väsen. Denna "viljesida" i den eteriska Kristus-impulsen under den sista tredjedelen av 1900-talet är en motsvarighet till impulsens "tankesida" som visade sig i antroposofin under den första tredjedelen.

Under den mellersta tredjedelen av århundradet hade den eteriske Kristus hjärtat och känslolivet som fokus, där impulsen till gemenskaper såtts. I relation till den Allraheligaste Trinosofia är gemenskaper den Heliga Själens angelägenhet, den tredje aspekten av den gudomliga Treenigheten. Den Heliga Själen verkar genom att besjäla gemenskaper som kommer samman för att tjäna en högre andlig impuls. I kapitlet om den Heliga Själen gavs exemplet med Johannes Döparen som efter sin död blev de tolv lärjungarnas gruppsjäl och på så sätt arbetade i samklang med den Heliga Själen; och eftersom Johannes Döparen reinkarnerade som den tyske poeten Novalis, vars inkarnation enligt Rudolf Steiner (underförstått) varade under den sista delen av 1900-talet är det tydligt att denna tredje lärare verkar särskilt i samklang med den Heliga Själen och med gemenskaps-impulsen.

På samma sätt är den andre lärarens – Maitreya, bäraren av det goda – impuls att stärka viljans moraliska kraft; att utveckla viljan till det goda. Här visar sig det särskilda sambandet mellan denne lärare och den Gudomliga Modern, något som understryks genom "Moder Vår"- bönen som en gåva till mänskligheten.

Naturligtvis har alla tre lärarna samband med alla tre aspekterna av det Gudomligt Kvinnliga, men det är möjligt att tala om en betoning hos var och en till en särskild aspekt av den Allraheligaste Trinosofia: den första till Dottern (Sofia), den andra till Modern och den tredje till den Heliga Själen.

Mot bakgrund av den tidigare visade figuren av den tredelade människan, verkar det som om den andra och tredje lärarens roller blev ombytta. Eftersom känsloaspekten av den eteriske Kristus kom till uttryck under den andra fasen av hans aktiviteter under 1900-talet och viljeaspekten under den sista tredjedelen av seklet. Det som här diskuteras är emellertid inte blott ett schema, utan en andlig verklighet, och det finns olika aspekter av denna verklighet. Förhållandet mellan de tre lärarna och Modern, Dottern och den Heliga Själen är en aspekt, vilken hör till det Gud-omligt Kvinnligas framträdande som nu flödar in parallellt med faserna i den eteriske Kristus inkarnation. En annan aspekt, som kopplar de tre lärarnas uppgifter till det gradvisa utvecklandet av de tvåbladiga, sextonbladiga och tolvbladiga lotusblommorna, diskuterades kortfattat i kapitlet om den Heliga Själen. I det följande kommer ytterligare aspekter relaterade till de tre lärarna, att belysas i samband med mänsklighetens öde i det tjugonde århundradet och i fram-tiden.

TRE ANDLIGA LÄRARE

De *andliga lärarna i det tjugonde århundradet* är ett begrepp som omfattar mysteriet med mänsklighetens öde under detta århundrade; för andliga lärare bär ansvar för den andliga vägledningen av den mänskliga rasen och deras liv visar vägen för resten av mänskligheten. Så faktiskt måste de tre lärarnas inkarnationer tas i beaktning. Dessa tre lärare agerade, och fortsätter att agera, som Kristus ambassadörer och representerar Kristi tanke, känsla och vilja. De är så att säga, Upplysningens, Inspirationens och Gemenskapens lärare, även om så fasta gränser inte kan dras mellan dem vad gäller dessa högre andliga förmågor.[61]

Den första läraren förde Visdomens kosmiska ljus till uttryck under den första delen av seklet; den andre läraren var andligt aktiv särskilt under den andra delen; och den tredje lärarens uppgift låg under den sista delen av nittonhundratalet och in i framtiden. Dessa tre andliga lärare är inbördes förenade med varandra och arbetar tillsammans, även om deras verksamheter kan tyckas väldigt olika. De öser ur samma källa – deras förening med Kristus – och de är representanter för tre aspekter av den Uppståndne, vilka kan sammanfattas med orden Sanning, Godhet och Skönhet.

Den mellersta läraren är bärare av Godheten. Han föregicks av läraren som är bärare av Sanningen och följs av läraren som är bärare av Skönhet. Sanning, Godhet och Skönhet är tre aspekter av den Uppståndne, som i realiteten inte går att skilja åt. Så de tre lärarna måste ses tillsammans som delar av en helhet och det är i denna mening som begreppet "andliga lärare i det tjugonde århundradet ", kan förstås som omfattande alla tre lärarna i fråga. Vilka är dessa tre lärare? Och vilka är deras uppgifter?

"Så som ovan så ock nedan" är den grundläggande formeln i hermetismen: allting här nere på Jorden har sin arketyp där ovan i himmelens område.[62] Den högsta arketypen för de tre lärarna är den Heliga Treenigheten. Sålunda omfattar de Fader-aspekten, representerad av den förste läraren; Son-aspekten, representerad av den andre läraren; och den Helige Ande-aspekten, representerad av den tredje läraren.

En annan formel i hermetismen är: "Så som i det förflutna, så ock i framtiden". Allting som händer nu har sin arketyp i det förgångna, och en historisk arketyp för uppgiften för de tre lärarna i det tjugonde seklet är Israels folk. Det judiska folket hade tre patriarker som efter varandra (fader, son och sonson), grundade den israelitiska gemenskapen, och dessa tre patriarker (Abraham, Isak och Jakob) representerade Fadern, Sonen och den Helige Ande.[63]

Abraham, som grundare av Israel, är även i våra dagar kallad Fader Abraham i den judiska traditionen. Isak, den enfödde sonen till Abraham och Sara, fördes av sin fader till offeraltaret. Även om han faktiskt inte blev offrad, inpräntades bilden av fadern som offrar sin enfödde son i det israelitiska folket; och detta förberedde för mysteriet på Golgata, där Fadern *verkligen* offrade sin enfödde son. Slutligen var Jakob tvungen att kämpa mot bedrägeri och lögn och till och med mot Guds Ängel, innan han emottog namnet Israel som tecken på sin uppgift. "Ditt namn skall inte längre vara Jakob utan Israel, för du har kämpat med Gud och människor och du har segrat" *(Första Mosebok*

32:28). Namnet Israel betyder "Han som kämpar med Gud", eller "Gud kämpar" och förmedlar den Helige Andes kämpande, strävande element som försöker föra ner den gudomliga viljan till Jorden. Genom Jakobs tolv söner grundades Israels tolv stammar. Så var Jakob tvungen att kämpa för att förverkliga den gudomliga planen på Jorden och på så sätt representerade han, genom sin strävande natur, den Helige Ande, precis som Isak representerade Sonen, och Abraham – som den grundande fadern- representerade Fadern.

ÅTERKOMSTENS KARMISKA GEMENSKAP

De tre lärarna som verkat under 1900-talet har förbindelse med framträdandet av en gemenskap som är en metamorfos av den israelitiska gemenskapen som grundades av Abraham, Isak och Jakob.

En uppgift som den israelitiska gemenskapen hade, var enligt Rudolf Steiner att förbereda den fysiska kroppen för den kommande Messias, Jesus Kristus. Ur det perspektivet kan man säga att Israels mission kan ses i samband med Kristi ankomst i en fysisk form. De tre lärarnas vägledning av en gemenskap måste emellertid ses i relation till Kristi återkomst, Kristi återkomst "i skyarna" (*Matteus 26:30*) som den Uppståndne. Och medan Israels gemenskap i stor utsträckning byggde på blodets gemenskap, grundar sig de tre lärarnas gemenskaper på karmisk gemenskap; d.v.s. att de band som förenar medlemmarna inte enbart baseras på blodsband, utan på karmiska relationer. Känslan av ömsesidigt igenkännande, att höra ihop, har sitt ursprung i karmiska relationer i tidigare inkarnationer, i liv som stått i kristendomens tjänst och dessförinnan i ett förberedande för Kristi ankomst. Denna karmiska gemenskap är en metamorfos av Israels gemenskap; den står inför Kristi återkomst så som det israelitiska folket stod inför Kristi första ankomst.

Israels folk är den historiska arketypen för den karmiska gemenskap som framträder i detta århundrade under ledning av de tre lärarna, vilket i sin tur har sin arketyp "där ovan", det vill säga en kosmisk arketyp. Arketypen för de grundande patriarkerna i Israel är den Heliga Treenigheten

– Fadern, Sonen och den Helige Ande. Den Heliga Treenighetens område ligger bortom fixstjärnevärldens sfär, vilken omfattar de tolv djurkretstecknen; på motsvarande sätt följs de tre grundande patriarkerna av fäderna till de tolv stammarna i Israel, som var och en motsvarar ett djurkretstecken. Tex tillhör Juda-stammen Lejonets tecken (*Uppenbarelseboken 5:5*).

Uppdelningen av Israels folk enligt kosmiska urbilder är den djupare innebörden av orden från Guds Ängel till Abraham: "Ännu en gång ropade Herrens ängel från himlen och sade till Abraham....skall jag välsigna dig och göra dina ättlingar talrika som stjärnorna på himlen" (*Första Mosebok 22: 15-17*). Detta tyder på att Abrahams ättlingar kommer att föröka sig enligt stjärnorna på himlen. På motsvarande sätt är den arketypiska uppdelningen av stjärnorna återspeglad i Israels tolv stammar. Även om detta kan låta som en förenkling är speglingen av arketyperna i de tolv zodiakiska tecknen i Israels tolv stammar ett återkommande tema i esoterisk tradition. Och en spegling av samma arketyp återfinns även i kretsen av Kristus tolv lärjungar, där tex Judas vanligtvis ses i samband med Skorpionens tecken.[64]

På samma sätt har de karmiska gemenskaper som uppstått i detta sekel under de tre lärarnas ledning också tre "äldre" och en tolvfaldig struktur. Dessa tre "äldre" i Kristi gemenskap i vår tid är de tre andliga lärarna, och den tolvfaldiga strukturen består under de successiva inkarnationerna under 1900-talet av fyra grupper av tolv individer. Varje grupp i sig själv representerar en särskild samhörighet eller gruppering in i en större karmisk gemenskap. Var och en av de fyra grupperna på tolv, som inkarnerar i intervaller mellan början och slutet av århundradet, har sin urbild i zodiakens tolv djurtecken. Samma arketyp som den i de israelitiska fädernas stammar och de tolv apostlarna i Kristi krets. Och var och en av de fyra grupperna har motsvarande uppgifter som de israelitiska fäderna eller Kristus tolv apostlar, nämligen att representera impulserna från de tre andliga lärarna som, i sin tur, tjänar den Uppståndne Kristus. Men medan de tolv fäderna i Israel följde omedelbart efter de tre patriarkerna, har de fyra grupperna av tolv - fastän varje grupp efter en viss period (på i genomsnitt 25 år) följer en föregående grupp - olika relationer till de tre lärarna. Inkarnationerna av dessa andliga lärare följer efter varandra i vitt skilda intervaller, och inte direkt efter varandra som var fallet med Abraham, Isak och Jakob.

De successiva inkarnationerna av de fyra karmiska grupperna av tolv individer under seklet, löper parallellt med inkarnationerna av de tre lärarna. Tex inkarnerade den andre andliga läraren år 1900.[65] Det var också vid denna tid som den första gruppen av tolv individer dök upp (inte alla just detta år, men däromkring) och de var bärare av andliga impulser som hade samband med den esoteriska kristendomen. Kärnan i dessa är *gralsimpulsen*, vilken i sin essens kan beskrivas med orden "Inte jag, men Kristus i mig. "

En andra grupp av tolv individer inkarnerade runt 1925. Återigen är detta endast ett genomsnitt, ett år runt vilket dessa tolv individers födelsedatum grupperar sig. Denna andra grupp karaktäriseras av en *pionjärimpuls*, en impuls att bära den första gruppens kristna esoterik ut i världen för att förverkliga den. Den tredje gruppen av individer inkarnerade runt 1950. Karaktäristiskt för denna tredje grupp är en *kristen filosofisk impuls,* sådan som kultiverades i Chartresskolan, den platonska kristendomens centrum under medeltiden. Slutligen, i den fjärde gruppen av tolv individer som inkarnerade runt 1975, finns individer som har en särskild relation till sofiaimpulsen och med den tredje andliga läraren. Denna senare grupp representerar också den andliga idealism som kom till uttryck i den tyska romantiska idealismen. Denna korta sammanfattning av impulsernas karaktäristiska natur i de fyra grupperna – gralsimpulsen, pionjärimpulsen, den kristna filosofiska impulsen och den sofianska impulsen - kännetecknar endast tendenser i varje grupp. I verkligheten är dessa fyra impulser i någon form representerade i var och en av de fyra grupperna, och varje grupp, i sin tur, införlivad i en större grupp eller hel generation, av vilka fyra är klart urskiljningsbara i det tjugonde århundradet. (vilket beskrivs av Friedrich Benesch; se not 38).

ABRAHAM, MOSES OCH ELIAS

För att bättre förstå betydelsen av de fyra grupperna av tolv individer i centrum av den karmiska Kristusgemenskapen under 1900-talet, är det nödvändigt att förstå de uppgifter som de tre andliga lärarna har, dessa lärare som är de "äldre" i gemenskaperna. Som redan nämnts är dessa lärare bärare av respektive Sanning, Godhet och Skönhet. Det kan tyckas ovanligt att referera till dem på det här sättet, men man bör komma ihåg (och det kommer att bli klart av det som följer) att andliga lärare inte bara är högt utvecklade personligheter, utan samtidigt bärare av högre andliga väsen som "agerar" och "talar" genom dem. Det är utsiktspunkten för dessa inspirerande andliga väsen som får betydelse när man betraktar mänsklighetens historia - och de har därför givits företräde över de mänskliga personligheter som "representerar" dem.

För att på ett djupare plan förstå de tre lärarnas uppgifter i relation till Kristus "karmiska gemenskaper", kan vi göra en jämförelse mellan dem och tre betydelsefulla individer i Israels historia: Abraham, Moses och Elias. Abraham var Israels fader, Moses var den som gav lagen, och den störste av profeterna, och Elias var miraklernas man som upprätthöll Israels ljus mot Baals profeter. Abraham, Moses och Elias är de tre som grundade, formade, och kämpade för Israel. Det var de som verkade i samklang med gudomliga väsen och åstadkom de nödvändiga förutsättningarna för Kristus inkarnation.

Abraham var kallad att ge sig ut på en lång resa och bosätta sig i ett nytt land, där han skulle grunda ett nytt folk med en speciell uppgift: att förbereda för Messias ankomst. Århundraden senare levde detta folk underkuvade i Egypten, men leddes av Moses till friheten och fick en ny kraftkälla i och med Mose stentavlor på berget Sinai. Flera århundraden senare, under Kung Ahab och drottning Jezebel, fick en djävulskult inflytande stick i stäv med israeliternas sanna uppgift, då Elias i sin tur räddade Israel från andlig korruption.

Abraham, Moses och Elias är därför hjältar som framträdde i kritiska faser av det israelitiska folkets utveckling. Deras enastående andliga betydelse kan alla förstå. Att alla tre i sitt inre var förenade med Kristus kommer att framgå av det följande.

Förhållandet mellan Moses och Elias till Kristus kommer till uttryck vid Kristi Förklaring på berget Tabor, där tre av lärjungarna (Petrus, Jakob och Johannes) såg Jesus Kristus i strålande skepnad med dessa två profeter på var sida om sig. I denna vision fick lärjungarna en inblick i den andliga världen. Moses och Elias nämns också, underförstått, i det elfte kapitlet i *Uppenbarelseboken*, där de omtalas som två vittnen:

"Vittnena är de två olivträden och de två ljusstakarna som står framför Jordens herre. Om någon vill skada dem kommer det eld ur deras mun och förtär deras fiender ". [*Elias kallade ner eld från himlen för att förtära sina fiender – 2 Kung. 1:10*] ...De har makt att förvandla allt vatten till blod och att slå jorden med alla slags plågor så ofta de vill.

[*Moses* förvandlade Nilen till blod och slog Egypten med olika plågor." - *Andra Mosebok 7–9*] (*Upp. 11:4-6*)

I *Uppenbarelseboken* fortsätter Johannes att beskriva de två vittnenas roll i Apokalypsens tidsålder: de vittnar om Herren och kämpar sedan med "odjuret som stiger upp den bottenlösa avgrunden". Med denna beskrivning är det tydligt att Moses och Elias har ledande roller i den karmiska gemenskapen i det "Eviga Israel", vilken tillägnas Kristus. Som individualiteter som står Kristus nära, på höger och vänster sida av honom, inkarnerar de upprepade gånger för att vittna om den Uppståndne. Det samma gäller för den individualitet som inkarnerade två tusen år före Kristus som Abraham.

Abraham var utvald till Israels fader på grund av sin lydnad. Han gottgjorde Adams fall genom sin lydnad inför det Gudomliga, och balanserade - åtminstone i princip - upp Adams och Evas olydnad. Abrahams viljekraft var den klippa som det nya folket, de utvalda, hade som grund. Han besvarade kallelsen från den andliga världen och övergav välstånd och ett rikt kulturellt liv i Mesopotamien för att företa sig en mödosam resa mot ett okänt mål, allt i en anda av fullständig tro och lydnad.

Abrahams lydnad var så stor att han till och med var beredd att offra sin förstfödde son, som hustrun Sara fött honom i hög ålder. Denna extraordinära trofasthet kunde därför ställas på den positiva sidan av mänsklighetens öde för att balansera de negativa konsekvenserna som ackumulerats genom olydnaden mot den andliga världen. Abraham var det Gudomligas trogna tjänare i en värld som hade blivit sjuk av syndafallets konsekvenser. I början av Vädurens tidsålder[66] grundade han en ny andlig ström för att förbereda ankomsten av Honom som skulle ta på sig följderna av människornas synder. Abraham är den milstolpe som markerar början av en väg som leder till det Godas ankomst, Jesus Kristus.

Den gemenskap som Abraham grundade kunde emellertid inte ha fullföljt sin uppgift, trots hans stora lydnad, utan framträdandet av den som gav Lagen. Det var Moses som gav Israels folk en form genom att ge dem Lagen, de Tio Guds Bud, och även en känsla av meningsfullhet och riktning genom att leda dem ut ur Egypten till det Förlovade Landet (även om Moses själv dog alldeles innan de kom fram). De fem Moseböckerna innehåller källan till denna form och hela Israels historia. *Genesis* och *Exodus* beskriver historien, och *Leviticus, Numeri* och *Deuteronomium* innehåller Lagarna. De sista orden i *Deuteronomium* beskriver Moses betydelse för Israels folk:

"Aldrig mer har det i Israel framträtt en sådan profet som Mose, som Herren mötte ansikte mot ansikte: minns alla de tecken och under som Herren sände honom att göra i Egypten, med Farao och hela hans hov och hela hans land. Och alla de skräckinjagande stordåd som Mose utförde med sin starka hand i hela Israels åsyn" (*Femte Moseboken 34: 10-12*).

Moses ledde Israels folk på väg mot fullbordandet av deras mission. De fem böckerna i Gamla Testamentet, som tillskrivs honom, har för otaliga andliga sökare genom tiderna haft betydelse som den ultimata källan till kunskap om människans ursprung och tidiga historia. Fram till Darwin var Moses redogörelse för skapelsens sju dagar den accepterade läran om människans och världens ursprung, framför allt i den judiska-kristna traditionen. Kanske mer än någon annan människa skapade och formade Moses de västerländska civilisationernas begreppsmässiga värld fram till mitten av 1800-talet.

Moses gav Lagen till Israels folk och gav dem en känsla av historisk identitet, men hans inflytande och skrifter var inte tillräckliga för att hålla den judiska nationen borta från felstegens väg. Som en mörk skugga i Israels historia tillät Kung Ahabs och Drottning Jezebels styre Baalskulten att dominera; och detta förde den andliga ström som Abraham inledde och Moses gav riktning, nästan till vägs ände. Det var vid detta allvarliga ögonblick i Israels historia som Elias inkarnerade för att kämpa mot den främmande Baalsimpulsen och för det sanna Israels överlevnad. Elias trädde fram begåvad med mirakulösa krafter – vit magi – som han riktade mot Baalprästernas svarta magi. Elias segrade ensam över de fyrahundra och femtio Baalsprästerna (*Konungaboken 18*).

Elias mäktiga ande arbetade oupphörligt med att återföra Israels sanna ande, och hans livgivande verksamhet flödade in Israels gemenskap och fortsatte de två föregångarnas, Abrahams och Moses, arbete. Som en strålande sol förde Elias in styrka och uthållighet i Israels andliga ström.

Åtskilliga århundraden senare dök denna individualitet upp som Johannes Döparen, i den inkarnation som följde på Elias under 800-talet f.Kr. precis som Kristi ord angav: "Men jag säger er att Elia redan har kommit, och de känner inte igen honom, utan gjorde med honom som de ville. Så skall de också låta Människosonen lida. Då förstod lärjungarna att han talade med dem om Johannes Döparen." (*Matteus 17:12-13*) Återigen framstrålade en impuls av styrka från Johannes Döparen.

Under tiden efter Kristi död har denna individualitet framträtt igen som en strålande sol i den kristna traditionen. Något av denna solkvalitet strålar fram i hans arbete som den store renässanskonstnären Raphael. Ett arbete som skulle fortsätta i en följande inkarnation under 1800-talet, som den tyske poeten Novalis.[67]

Rättvisa, Visdom och Styrka, och Uthållighet flödade in i Israels historia genom inkarnationerna av de tre individualiteterna Abraham, Moses och Elias. Och det är dessa tre individualiteter som genom analogi kan hjälpa oss att förstå dessa tres impulser, vilka är verksamma i de karmiska gemenskaper som succesivt växt fram under 1900-talet för att aktivt delta i Kristi återkomst. Moses, Abraham och Elias kan ses som arketyper för en djupare förståelse av de tre lärare som under 1900-talet leder metamorfosen av den israelitiska gemenskapen.

Den lärare vi först betraktade, förde fram gudomlig sanning under den första fjärdedelen av seklet. "Sanningens fanbärare" följs av "godhetens fanbärare" som förde fram moraliska lärdomar för att övervinna Antikrists förvillelser i tanke, känsla, och vilja. Och den tredje andlige läraren håller på att bli alltmer aktiv för att stärka och stödja de två föregående lärarna.

DEN FÖRSTE LÄRAREN UNDER 1900-TALET

I det följande skall vi använda oss av analogins princip, vilken erbjuder nycklar för att förstå andliga sanningar.

Precis som Moses lade fram läran om skapelsens sju dagar, i vilka Jordens historia och mänsklighetens ursprung beskrivs, så lade på samma sätt den första läraren under 1900-talet fram en ny lära om skapelsens sju dagar. Jordens och mänsklighetens andliga ursprung beskrivs med vetenskaplig exakthet genom de sju planettillstånden: *Saturnus, Solen, Månen, Jorden, Jupiter, Venus och Vulkanus.* Denna kosmologi med evolutionens sju planettillstånd kan jämföras med de heliocentriska idéerna om solsystemet, där planeternas omloppsbanor runt Solen ringar in evolutionens tillstånd på följande sätt: Saturnus omloppsbana (Saturnustillståndets utveckling); Jupiters omloppsbana (Soltillståndets utveckling); Mars omloppsbana (Måntillståndets utveckling); Jordens omloppsbana (den nuvarande Jordutvecklingen); Merkurius omloppsbana (Venustillståndets utveckling, det andra framtida tillståndet); Solens omloppsbana (det tredje tillståndet i den framtida evolutionen). Denna kosmologi representerar på vetenskaplig grund en detaljerad lära som motsvarar skapelsens sju dagar.[68]

Denna andliga lärare började sitt arbete alldeles i början av det tjugonde århundradet. "Sanningens fanbärares" första framträdande var i det Teosofiska Sällskapet, som grundades av H.P. Blavatsky 1875. Det var här som denne lärares uppenbarande av gudomlig sanning inleddes, och fortsatte fram till hans död år 1925. En gemenskap samlades runt honom och skiljde sig senare från det Teosofiska Sällskapet. Denna nya gemenskap fick sin andliga grund i en händelse som med analogi kan jämföras med när Moses mottog Stentavlornas Lagar på Sinai. Denna händelse inträffade Julen 1923.

Denna första lärare på 1900-talet ledde en grupp sökande - tidigare medlemmar i det Teosofiska Sällskapet - ut ur den moderna civilisationens materialistiska begränsningar. Genom uppenbarandet av den gudomliga sanningen som strömmade från denna lärare, leddes denna grupp genom det första världskrigets kriser fram mot den Uppståndnes återkomst som närmade sig. Därefter inträffade den mäktiga händelse som kan liknas med när Moses mottog Lagarna på Sinai. Men i stället för att ge Lagarna – föra ned Stentavlorna med Tio Guds Bud från himmelska höjder – mottog "sanningens fanbärare" *Grundstensmeditationen* från kosmiska höjder för att föras in i hjärtana och själarna i den gemenskap som samlats runt honom.[69]

Denna Kärlekens Grundsten innehåller i fröform möjligheten att hjälpa människor att förenas med den Uppståndne, som nu "kommer på himmelens moln"(*Matt:30:24*). Kort efter denna händelse dog "sanningens fanbärare" 1925. Kulminationen i den Uppståndnes verksamhet under den första perioden efter den Nya Tidsålderns inträdande 1899, kom åtta år senare, 1933. Men till skillnad från lagen skriven på stentavlorna, motsvarar Kärlekens Grundsten, som andligen kan införas i människors hjärtan, den Uppståndnes "nåd och sanning ".

Lagarna som mottogs av Moses följdes av Jesu Kristi Nåd och Sanning vid hans första ankomst. "Ty lagen gavs genom Moses, men Nåden och Sanningen har kommit genom Jesus Kristus "(*Johannes :17*). Fram till 1900-talet har lagen å ena sidan och Jesus Kristus nåd och sanning å andra sidan samexisterat bredvid varandra och genomträngt mänsklighetens andliga liv. Men i och med Kristi återkomst på 1900-talet har en ny ordning inträtt, vilken består av en ny uppenbarelse av Jesus Kristus nåd och sanning. Vad innebär denna uppenbarelse?

Först och främst innebär den att frihetens tidsålder har kommit, en tid då människor är fria att besluta om sin framtid ut ur sina egna impulser. Den Uppståndnes återkomst innebär att människor alltmer kommer att vakna upp inför reinkarnationens verklighet och få insikt om sina egna tidigare inkarnationer. Ut ur dessa insikter kommer de alltmer att kunna bestämma sitt eget öde. Medan friheten i slutändan har en betydelse som överträffar till och med detta, innebär kunskapen om karma och reinkarnation nästa steg för mänskligheten på vägen mot frihet.

Fram till 1900-talet dolde en slöja tröskeln till varseblivandet av reinkarnation och karma. Denna slöja mörklade karmas mysterier för nästan alla människor, med undantag för de högsta invigda. Avtäckandet av dessa mysterier kan sägas ha börjat med den förste andlige lärarens utsagor om karma. Dessa har i sin tur möjliggjort upptäckten av några av de kosmiska lagarna om reinkarnation.[70] Hermetisk astrologi grundar sig på dessa avtäckanden av "sanningens fanbärare" och intresserar sig för reinkarnationens och karmas mysterier.

TIO GUDS BUD

Karmas lagar verkade under förkristen tid med obeveklig stränghet. Som det konstateras i Gamla Testamentet: "Öga för öga, tand för tand" (*Andra Mosebok 21:24*). Detta uttrycker principen att kompensera gammal karma (karmas månprincip). Gamla tiders människor fick åtkomst till solprincipens karma (framtida karma) huvudsakligen genom mysterieplatserna. Annars följde allting den stränga utjämningen av förfluten karma. Den roll som mysterieplatserna spelade är ett fascinerande ämne i sig, men leder alltför långt från vårt nuvarande ämne. För vårt ändamål räcker det med att påpeka att viktiga utvecklingsimpulser härstammade från mysterieplatserna, men att någonting helt nytt introducerades i mänsklighetens historia när Moses mottog Lagarna.

Lagarna som Moses mottog och som är sammanfattade i Tio Guds Bud representerar principer för hur man handskades, på ett nästan rent teknisk sätt, med gammal karma. Sekvensen av "Du skall icke" är riktad mot den negativa principen av gammal karma, som är verksam i människans lägre natur. Till exempel är "Du skall icke dräpa" riktad mot dråpets destruktiva handling, och "Du skall icke stjäla" mot benägenheten att stjäla. Men dessa budord bör inte betraktas bara i rent fysisk mening, eftersom "mord" äger rum närhelst någonting andligt positivt angrips, och stöld sker när någon tar någonting från någon utan dennes medgivande. "Mord och "stöld" äger rum hela tiden i vardagslivet, inte bara i fysisk mening utan även i annan överförd betydelse. Detta att läsa in någonting i högre överförd betydelse, i uttryck som "mord" och "stöld", i sinnevärlden är inte någonting nytt. Det är den så kallade analogimetoden i tolkning och har använts av många kyrkofäder. Det är också värt att notera hur den helt vilar på analogins princip.

För att motverka mord och stöld, måste de böjelser och anlag som leder till dem först utplånas; och dessa är aktiva i människans lägre natur, särskilt i den *karmiska dubbelgångaren.* (Detta är en skugglik bild som fäster sig vid människan när hon inkarnerar; den förkroppsligar den totala summan av negativ karma.) Det är den karmiska dubbelgångaren som måste bekämpas om mord och stöld skall övervinnas, och de två budorden "Du skall icke dräpa" och "Du skall icke stjäla" är riktade mot dessa specifika karmiska tendenser som är verksamma i den karmiska dubbelgångaren. Det finns tio sådana negativa tendenser:

1. Att vända sig från Gud mot vilket följande budord är riktat: "Du skall inte ha andra gudar vid sidan av mig."
2. Att byta ut Guds verklighet mot andra skapelser eller bilder, mot vilket följande budord är riktat: "Du ska inte göra dig någon bildstod eller avbild av det som är uppe i himlen eller nere på jorden eller i vattnet under jorden.
3. Genomdrivandet av sina egna målsättningar, ofta välmenade, genom att utmåla dem som utförda i Guds namn, mot vilket följande budord är riktat: "Du skall inte missbruka Herrens, din Guds namn, ty

Herren kommer inte att lämna den ostraffad som missbrukar hans namn."
4. Att fylla dagens göromål med sådant som utelämnar det gudomliga ur ens medvetande, mot vilket följande budord är riktat: "Tänk på att hålla sabbatsdagen helig."
5. Du skall inte förakta det förgångna, traditioner och allt som föräldrar och äldre generationer har uppnått, vilket följande budord är riktat mot: "Visa aktning för din fader och din moder, så att du får leva länge i det land som Herren, din Gud, ger dig."
6. Förstörelse av allt som är positivt och levande, vilket följande budord är riktat mot: "Du skall inte dräpa."
7. Otrohet mot det som man har lovat sin trohet till, vilket följande budord är riktat mot: "Du skall inte begå äktenskapsbrott." Det kan naturligtvis hända att någon av misstag lovar bort sig till något som de senare upptäcker är ovärdigt och sedan vänder sig till någonting värt varaktig trohet. En sådan omvändelse mot något högre, bör skiljas från äktenskapsbrott, där troheten mot något som är högre har brutits genom att vända sig till något annat.
8. Att tillägna sig något som tillhör någon annan eller deras landvinningar utan deras medgivande, vilket följande budord är riktat mot: "Du skall inte stjäla."
9. Att kritisera eller fördöma andra, vilket följande budord är riktat mot; "Du skall inte vittna falskt mot din nästa."
10. Avundsjuka mot andra eller att missunna dem deras öde, vilket följande budord är riktat mot: "Du skall inte ha begär till din nästas hus." [71]

Uppenbarelsen på Sinai, där Moses tog emot Lagen som han sedan presenterade i form av Tio Guds Bud, betydde ett genombrott under det Gamla Testamentets tidsepok. Människor levde vanligen vid den här tiden under den gamla karmans inflytande och var därför utsatta för den obevekliga lagen med karmisk utjämning enligt "öga för öga". Lagen som Moses tog emot representerar ett genombrott eftersom den gav möjlighet att bekämpa den karmiska dubbelgångaren, bäraren av negativ gammal karma.

Den gyllene kalven är en bild för den karmiska dubbelgångaren, som i det yttre manifesterades vid foten av Sinais berg samtidigt som Moses emottog uppenbarandet av Lagen för att kunna bekämpa den. Moses gick ner från berget med Lagen och beordrade att kalven skulle brännas. Den pulveriserade askan löstes därefter upp i vatten och dracks – en symbol för uppsamlandet av de negativa krafter som drivits ut. På det här sättet förstördes den yttre manifestationen av den karmiska dubbelgångaren, och de negativa krafter som övervunnits samlades upp genom en medveten viljeakt in i människans livsström "genom att dricka vatten" - för att bemästras och omvandlas. Under ett esoteriskt föredrag för en liten grupp, den 22: a mars 1922, gav 1900-talets första lärare en meditation som handlar om just detta:

"Föreställ er som i en vision Moses som er lärare och ledare: Moses, till vilken ni ställer frågan om varför ni inte gör snabbare framsteg, när ni nu har en så stor längtan att få inblick i den andliga världen. Man bör då tyst invänta svaret, vilket mycket ofta kommer helt oväntat. Vanligen visar sig då bilden av den gyllene kalven bredvid Moses gestalt - allt som en bild inför själen. Då bryter eld fram ur Jorden och bränner ner kalven, och askan löses upp av Moses i vatten och ges till den mediterande att dricka. "[72]

Denna meditation visar hur den moderna människan kan börja bekämpa den karmiska dubbelgångaren, vilken i den här visionen visar sig som den gyllene kalven. När Tio Guds Bud, i deras djupare andligt moraliska mening, praktiseras på vägen mot andlig utveckling, har den mediterande en tydlig, nästan vetenskaplig, teknik för att bekämpa den karmiska dubbelgångaren. På så sätt är mottagandet av Guds Lag på Sinai fortfarande relevant.

METAMORFOSEN AV UPPENBARELSEN PÅ SINAI

Den historiska motsvarigheten till uppenbarelsen på Sinai ägde rum Julen 1923, när "sanningens fanbärare" förunnades en uppenbarelse om mänsklighetens positiva (framtida) karma. I stället för de Tio Budorden riktade mot den karmiska dubbelgångaren, sammanfattades den nya uppenbarelsen i *Grundstensmeditationen*, omfattande fyra andliga övningar som hjälp för människor att förenas med den Uppståndne. De första tre av dessa andliga övningar är riktade till den mediterandes respektive viljeliv, känsloliv och tankeliv, för att dessa förmågor skall lyftas upp och förenas med den Uppståndnes vilja, känsla och tänkande. Den fjärde övningen, som innefattas i den fjärde versen är utformad mer som en meditativ bön och anvisar den mediterande att förena sitt jag med Kristus Jag.[73]

Medan Tio Guds Bud i Moses uppenbarelse på Sinai riktade sig mot negativ karma, är de fyra andliga övningarna som uppenbarades för "sanningens fanbärare" riktade till mänsklighetens positiva karma, som hänger samman med Kristi återkomst. På samma gång innehåller emellertid de fyra övningarna implicit svaret på Antikrists ankomst; eftersom Antikrists fyrfaldiga angrepp genom tänkandets elektrifiering, känslolivets magnetisering, viljans atomisering, och slutligen hans själva ankomst (som innebär det mänskliga jagets direkta möte den personifierade ondskan) motverkas genom dessa övningar från Kristus- sfären.

Grundstensmeditationen innehåller ett skydd mot Antikrists angrepp eftersom den, om den verkligen införlivas, för jagets tänkande, kännande, och viljande in i relation med den Uppståndne. Och här finns det en parallell till mottagandet av Lagen på Sinai, för de Tio Guds Bud riktar sig mot den karmiska dubbelgångaren, genom vilken Antikrist söker vinna övertaget i människor (och vår tids ökning av mord, äktenskapsbrott, stölder etc. är alla tecken på Antikrists ökande verksamhet i den karmiska dubbelgångaren). Antikrist förkroppsligar totalsumman av negativa krafter när han arbetar i den karmiska dubbelgångaren och kan därmed betecknas som hela mänsklighetens dubbelgångare.

En djup arketypisk sanning ligger dold i de båda bilderna av Moses på berget Sinai, där han blir kallad att kämpa mot ondskans makter medan den gyllene kalven samtidigt visar sig vid bergets fot - ondskan som skall bekämpas. Dessa bilder representerar ett medvetet möte med det Gudomliga (Moses på bergets topp) som frammanar en manifestation av de negativa lägre impulserna som måste övervinnas (den gyllene kalven vid bergets fot). Denna arketyp visar bilden av den händelse på den esoteriska vägen som är känd som "mötet med Väktaren vid Tröskeln". Det finns i verkligheten två väktare: den Mindre Väktaren och den Större Väktaren.[74] Den större är Jesus Kristus och den mindre är Ärkeängeln Mikael,[75] ofta beskriven med ett svärd och ett par vågskålar: vågskålar för att väga männi-skors positiva och negativa förtjänster och landvinningar, för att kunna bedöma om de är värdiga att träda in i den andliga världen; och svärdet för att kunna driva tillbaka de som inte är mogna. Det är mötet med den Mindre Väktaren som frambringar den karmiska dubbelgångaren, och blottlägger den ur människan, precis som uttrycks i arketypisk form genom framträdandet av den gyllene kalven vid bergets fot. Den blottlagda karmiska dubbelgångaren upplevs då som ett hinder på vägen till den andliga världen och den karmiska dubbelgångaren benämns därför ibland själv som "Väktaren vid Tröskeln". Endast när människor medvetet konfronterar sin karmiska dubbelgångare och tar den (dvs tyngden av den negativa karman) på sig kan de träda in i den andliga världen medvetet och på rätt sätt.

Enligt legenden kämpade Mikael med de onda makterna vid Moses död. Detta betyder att Moses under sitt liv var en representant för Ärkeängeln Mikael. Ärkeängeln Mikael, den Mindre Väktaren, agerade och talade genom Moses, som representerade honom på Jorden. När Moses kom ner från berget Sinai och gav befallning om att bränna den gyllene kalven, handlade han som representant för ärkeängeln Mikael. Moses själv blev den Mindre Väktarens representant, begåvad med kraften att bemästra det onda, och Ärkeängeln Mikael är vanligtvis avbildad när han bemästrar draken under sina fötter.

Som Ärkeängeln Mikaels representant på Jorden, förkropps-ligade Moses den judiska nationens folksjäl. För Mikael var, som areopagiten Dionysius antydde, det israelitiska folkets skyddsängel.[76] Precis som varje människa har en skydds-ängel så har varje folk eller nation enligt esoterisk tradition en Ärkeskyddsängel; och Mikael var det judiska folkets Ärkeängel. Eftersom Mikael är väktaren vid Tröskeln, blev hela det judiska folket "Tröskelns folk" i relation till andra nationer och folk. De stod i en särskild relation till den and-liga världen och representerade en del av mänskligheten vid tröskeln till den andliga världen, och ännu mer så efter att ha mottagit Lagen från Moses. De tio Budorden gav det israelitiska folket de vapen som krävdes för att bekämpa de negativa krafterna som verkade genom den karmiska dubbelgångaren. Kriget mellan Mikael och de onda krafterna utkämpades därför särskilt på det judiska folkets arena, där Moses som representant för Ärkeängeln Mikael stod som ett vägledande ljus. "Aldrig har det i Israel framträtt en sådan profet som Moses..." (*Femte Mosebok 34:10*).

Som tidigare nämnts skedde en metamorfos av uppenbarelsen på berget Sinai, Julen 1923, när "sanningens fanbärare" förde ner Grundstensmeditationen från himmelska höjder som ett sätt för människor att orientera sig mot Kristi återkomst, och därmed bekämpa Antikrist. Här agerade den första läraren på 1900-talet som en representant för den Mindre Väktaren (Mikael), och den gemenskap som formades runt honom i väntan på Kristi återkomst blev ett "tröskelns folk".

Denne andlige lärare grundade därefter en esoterisk skola, *Mikaelskolan*, inom denna gemenskap, för vilken ärkeängeln Mikael blev den Ledande Anden. Denna gemenskap – en metamorfos av "Israels folk" under 1900-talet – har särskilt blivit det fält där Ärkeängeln Mikael kämpar mot de onda krafterna. Så hände det att alldeles efter att "sanningens fanbärare" dog 1925, denna gemenskap upplevde kraftiga angrepp, vilket ledde till en konflikt i dess ledarskap vilket delade gemenskapen i grupper och öppnade vägen för möjlighet till infiltration av en falsk ande. Här finns en parallell till den israelitiska historien, enligt hermetismens formel vad gäller tidens förlopp: "Så som i det förflutna så ock i framtiden". I Israels historia, några århundraden efter Moses Död, splittrades den judiska nationen i två delar vilket försvagade den och öppnade upp för negativa krafter. Genom Kung Ahab kunde dyrkan av Baal vinna inflytande. Dyrkandet av Baal, liksom som dyrkandet av den gyllene kalven, representerade en kapitulation inför Dubbelgångaren, just de krafter som skulle hållas i schack av de Tio Budorden.

Frågan kan nu ställas: Hur var det möjligt att en sådan individ som Kung Ahab kunde komma till makten, trots de Tio Guds Bud och trots det intensiva andliga strävandet hos det israelitiska folket?

Svaret ligger i ett beaktande av dubbelgångarens krafter, vilka växer sig starkare närhelst någon befattar sig med makt. Längtan efter makt, som verkar starkt om det finns en kraftfull dubbelgångare, kan leda individer till att bli fascinerade av makten. En riktigt stark karmisk dubbelgångare kan användas som instrument för att påverka andra människor, fördunkla deras medvetande och förmå dem att ge vika för den genom vilken viljekraften verkar. Detta var fallet med Kung Ahab. Han hade en kraftfull karmisk dubbelgångare och detta gjorde honom till ett instrument för de negativa krafter som verkar genom dubbelgångaren. I Gamla Testamentet omtalas källan till sådana krafter som Baal. "Ahab tog Jezebel till hustru...och tjänade Baal och dyrkade honom. Han reste ett altare till Baals ära ... Ahab gjorde det som var ont i Herrens ögon, mer än alla sina företrädare" (*1 Kung. 16: 31-33*).

I fallet med Ahab blir något av ondskans "teknik" avslöjat. Genom Moses fick Israels gemenskap en ny impuls, en impuls som innebar att aktivt delta på det godas sida i kampen mot det onda. De onda makterna försökte hämnas redan på Moses tid när de avsåg att introducera dyrkan av den gyllene kalven, men detta lyckades inte.

Icke desto mindre och i enlighet med uttrycket "Ett hus som är delat i sig själv kan inte bestå": när Israels gemenskap efter Salomos död delades, kunde de onda makterna så småningom tränga in. Deras triumfögonblick inträffade när Ahab kom till makten och införde dyrkan av Baal.

På ett motsvarande sätt uppstod genom den splittring och försvagning som inträffade, möjligheten till ett liknande öde inom den gemenskap som grundades på 1900-talet av "sanningens fanbärare". Splittringen som uppstod i denna gemenskap betydde att en öppning hade skapats för negativa impulser att tränga in.

Det finns emellertid all anledning att hoppas att många medlemmar i denna gemenskap kommer att erfara, eller redan har erfarit, Jesus Kristus nåd och sanning i och med hans återkomst. Detta hopp beror delvis på de tre andliga lärarnas inkarnationer i det tjugonde århundradet. Låt oss nu vända vår uppmärksamhet mot den andre andliga läraren under 1900-talet.

DEN ANDRE ANDLIGE LÄRARENS INKARNATION UNDER 1900-TALET

"Godhetens fanbärare" inkarnerade i början av 1900-talet och påbörjade sitt andliga uppdrag omkring 1933 vid 33 års ålder. Som påpekas i *Hermetic Astrology* vol. 1 appendix 2 var det vid just den här tiden som en ny fas i Kristi återkomst inleddes. Vid samma tidpunkt flyttade Antikrist fram sin position i världen genom nazismen. Den Apokalyptiska Tidsåldern började, vilken just är den Nya Tidsåldern, tiden för Kristi återkomst. Och likt en mörk skugga över denna återkomst, visade sig Antikrists framträdande i de politiska händelserna under denna tid. Den andre lärarens andliga aktivitet började också vid denna tid. Det "nazistiska odjuret" reste sig ur avgrunden som ett synligt tecken på förberedelserna för Antikrists ankomst och på samma gång steg den Nya Tidsålderns Sol, Jesus Kristus, den Uppståndne, Rättfärdighetens Sol, upp vid det mänskliga medvetandets horisont. Den andre läraren hade den specifika uppgiften att visa på gryningen för Rättfärdighetens Sol. Under 1930-talet sammanföll den andre lärarens aktiviteters sfär med den gemenskap som grundades av den förste läraren. Genom föredrag och artiklar försökte den andre läraren föra in det moraliska uppvaknande genom vilket den Uppståndne kan komma in i människors sinnen och hjärtan. Genom att verka på den grund av Kristuscentrerad kunskap som förberetts av den första läraren under 1900-talet, arbetade den andre läraren med att skapa ett moraliskt uppvaknande inför Kristus. Kunskap är porten till högre upplevelser, och kunskap om Kristus kan vara ett steg på vägen till levande erfarenhet av honom; kunskap kan emellertid bli det som hindrar den levande upplevelsen om den blir ett ändamål i sig.

Uppenbarandet av den gudomliga sanningen genom "sanningens fanbärare", vilket ägde rum under den första fjärdedelen av 1900-talet, kan lysa upp medvetandet hos dem som tar emot den om de arbetar på att förvandla den mottagna kunskapen och på att integrera den i sin känslosfär, sitt känslomedvetande. Men om denna kunskap blir ett ändamål i sig, snarare än att tas upp och i det inre omvandlas till någonting levande, kan den lätt bli en slöja som skiljer den från den upplevda verklighet som kunskapen visar hän på. I så fall blir kunskapen om Kristus en slöja som endast Kristus själv kan ta bort. Något av detta antyds i Paulus ord när han talade om de som hade förhärdats i sin tolkning av Moses lagar och läror: "Och deras förstånd blev förstockat, ty ännu i denna dag hänger den slöjan kvar när det gamla förbundets skrifter läses upp, och den lyfts inte bort eftersom det är endast genom Kristus den försvinner. Än idag ligger en slöja över deras hjärtan när man läser ur Moses lag. Men för den som vänder sig till Herren tas slöjan bort" (*Andra Korinterbrevet 3:14-15*).

Här antyds faran med att sinnet blir "beslöjat" genom kunskap, även esoterisk kunskap. För att övervinna denna fara på den esoteriska vägen, en väg som tvärtom borde leda från kunskap om det esoteriska till upplevelse av det esoteriska, måste man strikt följa följande esoteriska princip: "Den gyllene regeln är denna: För varje steg man tar i sökandet efter dold kunskap, ta tre steg i förbättrandet av din egen karaktär."[77]

Denna levnadsregel illustrerar något av förhållandet mellan den första läraren och den andre läraren - mellan avtäckaren av gudomlig sanning och rättfärdighetens lärare. Kunskap i esoterik är i sig självt inte tillräckligt för att göra den sökande till esoteriker. Det är alltså nödvändigt att slå in på en moralisk andlig väg så att esoterisk kunskap kan bli levande esoterik. Och det är den moralisk-andliga utvecklingsvägen som framförallt är angeläget för rättfärdighetens lärare, "godhetens fanbärare". Av en rad olika orsaker var rättfärdighetens lärare tvungen att dra sig ur den gemenskap som grundades av den första läraren. Han var verksam i denna gemenskap fram till andra världskrigets utbrott.

Under andra världskriget tog han nästa steg och gick in i Katolska Kyrkan. Vid första anblicken kan detta vara svårt att förstå, men sett i kontexten av Kristi återkomst och i samband med skuggan av Antikrists accelererande intrång, framstår detta steg som en av de mest avgörande händelserna under 1900-talet, i sin betydelse analogt med Abrahams uttåg ur Mesopotamien och bosättningen i Palestina där han grundade ett nytt folk, det utvalda folket. Lika lite som Abraham kunde förutse vad som skulle komma när han lämnade sina hemtrakter och företog resan till det förlovade landet, men handlade i total lydnad inför kallelsen från den andliga världen, lika lite kunde den andre läraren i förväg veta vad hans steg att gå in i den Katolska Kyrkan skulle innebära för mänskligheten. Han agerade helt enkelt ur andlig lydnad och följde uppmaningen från den Uppståndne, Jesus Kristus.

Det har sagts att den andre lärarens övergång till den Katolska Kyrkan skedde ut ur hans lydnad, men ytterligare två andra aspekter av detta steg återstår att nämna: dess världshistoriska betydelse i samband med Kristi återkomst, och dess betydelse för hans fortsatta undervisningsverksamhet.

Andra skäl måste lämnas därhän då de inte är inom ramen för denna bok.

Låt oss nu skjuta upp frågan om den andre lärarens roll i världshistorien och först vända oss till hans undervisning. Vilken är den moraliskt-andliga utvecklingsväg som han gav till de andligt sökande under 1900-talet? Det är den *kristna hermetismens* väg.[78] Målet för den kristna hermetismen är den Stora Invigningen, mötet med Kristus, som är den Större Väktaren vid Tröskeln. För precis som den första läraren under 1900-talet representerade den Mindre Väktaren vid Tröskeln, så representerar den andre läraren den Större Väktaren.[79] Medan Mikaelskolan, som grundades av "sanningens fanbärare" stakar ut en väg för meditation som kan leda till ett möte med den Mindre Väktaren, så lade "rättfärdighetens fanbärare" fram en meditativ väg, den kristna hermetismens, som kan leda till ett möte med den Större Väktaren vid Tröskeln.

KRISTUS OCH MIKAEL

Förhållandet mellan "sanningens fanbärare" och "godhetens fanbärare" kommer tydligt fram när vi betraktar relationen mellan Ärkeängeln Mikael och Kristus, vilka dessa två andliga lärare representerade i sina inkarnationer under 1900-talet. Ärkeängeln Mikael är *Kristi anlete*, som går före honom och förbereder hans väg. Mikael uppenbarar så att säga Kristus avsikt och för fram denna i form av kosmiska imaginationer inför mänskligheten, i ett förebådande av Kristusanden.

På ett visst stadium på den meditativa kunskapsvägen, vilken leder människan utöver Jorden mot kosmiska sfärer, äger ett möte rum med Ärkeängeln Mikael, som vaktar tröskeln till den andliga världen. Vid detta möte förlöser Mikael den kunskapssökandes karmiska dubbelgångare och meddelar avsikten att bära den vidare, d.v.s. att ta ansvar för negativ karma. Endast efter att lärjungen framgångsrikt har passerat detta möte, vilket på samma gång är en prövning, tillåter Mikael denne att fortsätta vidare, mot initiering i den kosmiska tillvarons mysterier. Genom att fortsätta vidare och genom att tränga ännu djupare in i kosmiska mysterier, sker vid ett visst stadium ett möte med den Större Väktaren. Vid detta möte vänds lärjungens uppmärksamhet bort från kosmiska sfärer tillbaka mot Jorden, mot dess mångfald av problem och hinder och mot mänsklighetens slutmål på Jorden. Här möter lärjungen den jordiska tillvarons utmaningar och mänsklighetens djupa nöd och ställs inför frågan: Är jag beredd att offra mig, att "lägga ner mitt liv" för mänsklighetens skull. Så medan alltså mötet med den Mindre

Väktaren innebär ett uppåtstigande mot de kosmiska mysterierna, innebär mötet med den Större Väktaren ett nedåtstigande, ett offrande av den kosmiska tillvarons nyfunna liv för att stiga ned till en lägre nivå av existensen, för resten av mänsklighetens skull.

Den här vägens hela kretslopp, med uppstigande (expansion av medvetandet in i kosmos) och nedstigande (självuppoffring för mänsklighetens skull) är precis vad de två andliga lärarna – "sanningens", och "godhetens" fanbärare - representerar. Mikaelskolan som grundades av den första läraren (som representerar den Mindre Väktaren) beskriver en meditationsväg som leder till allt djupare kosmiska mysterier. Den andre läraren, som passerade genom Mikaelskolan före andra världskriget, offrade sig själv i lydnad när han "steg ned för att förena sig med den Katolska Kyrkan," med hundratals millioner medlemmars öde. Detta offer följer Kristusoffrets arketyp, när Han steg ner från den kosmiska Solsfärens tillvaro för att förena sig med hela Jorden och de miljarder som då var inkarnerade på den. Kristusoffret kulminerade i korsfästelsen på Golgata, där Kristus lade ner sitt liv för mänsklighetens skull, och tog på sig allas öden. I mindre men analog skala, motsvarar den andre andlige lärarens offer, när han tog på sig Kyrkans och dess millioner medlemmars öde, Kristus arketypiska offer. Under sin inkarnation under 1900-talet representerar den andre läraren den Större Väktaren vid Tröskeln.

Var och en av de tre lärarna ställer en fråga till mänskligheten. Den första, som representant för den Mindre Väktaren, frågar: Är du beredd att ta ansvar för din negativa karma och påverka ditt framtida öde? Om svaret är Ja, ligger vägen öppen för dig att lära känna de kosmiska mysterierna.

Den andre läraren, som representant för den Större Väktaren, frågar: Är du beredd, efter att ha tillägnat dig frihet och kunskap om de kosmiska mysterierna, att offra dig själv för mänsklighetens skull? Den moralisk- andliga väg som beskrivs av den andre läraren är mer fokuserad på moralisk fördjupning än på den kosmiska existensens mysterier. En symbol för detta är fottvagningen som Kristus utförde på sina lärjungar. Vägen för den kristna hermetismen, vars syfte är att föra fram till Kristi nåd och sanning, är i verkligheten en skolning i "fottvagning"; att öva ett moraliskt uppvaknande genom vilket lärjungen förbereds för mötet med den Större Väktaren. Detta kan ge en antydan om betydelsen av den andre lärarens undervisning, även om detta bara är en aspekt. Vi har nu nått en punkt där vi kan ta upp tråden med hans betydelse i världshistorien, och särskilt vad gäller hans inträde i den Katolska Kyrkan.

PETRUSKYRKAN OCH JOHANNESKYRKAN

Vi kan närma oss frågan om vad det betydde för världen att den andre läraren gick in i den Katolska Kyrkan, genom att föreslå att det har ett samband med Kristus ord om aposteln Johannes: "Om jag vill att han skall bli kvar tills jag kommer, vad rör det dig?" (*Johannes 21:22*). Här hänvisar Kristus både till sin egen återkomst och till Johannes speciella uppgift att invänta den. Vad betyder detta?

Hela samtalet mellan Jesus Kristus och Petrus i den andra delen av Johannesevangeliets tjugoförsta kapitel handlar om förhållandet mellan exoterisk kristendom (Petrus Kyrka) och esoterisk kristendom (Johannes Kyrka). Den exoteriska strömmen i kristendomen, som innefattar triangeln med de tre traditionella kristna trosbekännelserna,[80] vilka hädanefter helt enkelt refereras till som Kyrkan, har till uppgift att "ge lammen näring". Kristus säger till Petrus i *Johannes* 21:17: "För mina lamm på bete." Med detta menas att Kyrkan har till uppgift att upprätthålla de trogna, den Gode Herdens följare genom sakramenten, i första hand den Heliga Nattvardens sakrament. Häri ligger hela betydelsen i orden "För mina lamm på bete". Och här finns även svaret på frågan: Varför instiftade Kristus en Kyrka? Ett svar på detta är, så att de trogna får näring; för detta är Kyrkans uppgift, att "ge lammen näring". Genom att fortsätta fira den sista måltiden och de andra sakramenten, har Kyrkan fullföljt, och fortsätter att fullfölja, den uppgift Kristus tilldelade Petrus (och Petrus Kyrka). Genom att fullfölja denna uppgift, har Kyrkan spridit och fortsätter att sprida Kristusimpulsen genom tiderna. Därför ligger det inte i Kyrkans intresse att utvecklas, utan snarare att bevara, att fortsätta upprätthålla det som Kristus gav den från början.

Bara genom att finnas till, vittnar Kyrkan om Kristi livs aktualitet: hans undervisning, hans lidande, hans död och uppståndelse; d.v.s. den bevarar minnet av Kristus, håller det levande i dagens moderna värld. Att Jesus Kristus instiftade en Kyrka och att denna Kyrka fortsätter att finnas till, vittnar om Kristi verklighet, det faktum att Jesus Kristus levde som människa på Jorden med en grupp lärjungar genom vilka Kyrkan blev grundad. På detta sett ger Kyrkan inte bara *näring*, utan *kommer också ihåg*. Den bevarar minnet av Jesus Kristus och vittnar om hans livs, döds och uppståndelses historiska verklighet.

Kristendomens världsomspännande utbredning innebär fullföljandet av den uppgift Kristus tilldelade Petrus: att "ge lammen näring". Varhelst Nattvarden firas i kyrkor över hela världen, äger detta "För mina lamm på bete" rum. Men denna *horisontella* utbredning av Kristendomen betyder att den har förlorat något av sitt *djup*. Dess expansion vilade i första hand på de yttre aspekterna av mysteriet med Kristi liv, död och uppståndelse. De djupare mysterierna måste under en tid delvis träda tillbaka i avskildhet. Så Kristendomens "yttre fakta" (i all sin storslagenhet!) spreds av Kyrkan, och de djupare mysterierna hölls tillbaka för att Kyrkan skulle växa i sin utbredning. Därför kan Petrus Kyrka med rätta identifieras som den exoteriska strömmen i kristendomen, då den representerar kristendomens yttre aspekt.[81]

Kristendomens inre aspekt, dess djup, är den esoteriska kristendom som spreds av Johannes Kyrka. Samtalet som det refererades till ovan, mellan Jesus Kristus och Petrus i sista kapitlet i Johannesevangeliet, handlar just om Petrus och Johannes uppdrag och deras respektive kyrkor. Där sägs det också att Johannes Kyrka måste avvakta till Kristi återkomst. Detta är återigen den kontext i vilken den världshistoriska betydelsen av den andre andliga lärarens inträde i den Katolska Kyrkan måste förstås. Johannes Kyrka var tvungen att avvakta till tidpunkten för Kristi återkomst i det tjugonde århundradet, för att till slut bli synlig. Före det tjugonde århundradet var den tvungen att i stort sett vara dold bakom kulisserna. Johannes Kyrka har varit i princip osynlig under nästan två tusen år, men nu börjar den visa sig. Hur kan man förstå detta? Och varför behövde Johannes Kyrka förbli dold fram till Kristi återkomst?

Kristus sade till sina lärjungar: "Jag har mycket att säga er men ni kan inte ta emot det just nu. Men när han kommer, Sanningens Ande, skall han vägleda er med hela sanningen" (*Joh. 16:12-13*). Detta antyder att det Kristus lärde sina lärjungar för två tusen år sedan bara representerade början av hans undervisning, och att när tiden var inne ("när sanningens ande kommer"), mer skulle komma att avslöjas. Om vi påminner oss om uttalandena om Petrus och Johannes, att de var "obildade, vanliga människor" (*Apost. 4:13*), kunde lärjungarna inte förstå mer vid denna tid, och därför blev inte de djupare mysterierna -sådana som reinkarnationen- avslöjade för dem. Emellertid är det just genom att förstå reinkarnation som det nu är möjligt att begripa den djupare betydelsen av Kristus uttalande. För det är genom reinkarnation som människan mognar och får förmågan att förstå vad som tidigare var obegripligt. Därför kan de djupare mysterierna i kristendomen nu börja avslöjas. Väntetiden för Johanneskyrkan, eller sanningens andes" Kyrka, nådde sitt slut på 1900-talet i och med Kristi återkomst.

Nu har tiden kommit för att *djupets element* skall kunna flöda in i mänskligheten och även bli införlivat i Petrus Kyrka som en ny livgivande kraft. Detta har kultiverats särskilt i Johannes Kyrka. Det som inte var av intresse i Petrus Kyrka och måste vänta "tills Jag kommer igen" är nu relevant för denna kyrka eftersom tiden för Kristi återkomst är här.

Uppdelningen av kristendomen i de exoteriska och esoteriska kyrkorna – Petrus och Johannes kyrkor) var historiskt nödvändig, vilket å ena sidan tillät Petrus kyrka att breda ut sig och å andra sidan skapade ett fokus där de djupare mysterierna kunde kultiveras och bevaras. Avskiljandet av en liten dold Kyrka från den stora exotiska Kyrkan var en nödvändighet innan Kristi återkomst. Mellanperioden måste först ge förutsättningarna för framsteg i mänsklighetens andliga utveckling innan det kunde bli möjligt att direkt kunna ta emot undervisningen ur den esoteriska kristendomen.

Johannes Kyrka – som bestod av en liten grupp som andligen leddes av den lärjunge som när Kristus levde på Jorden kallades "den älskade lärjungen" - avskilde sig från Petrus Kyrka för att de som redan var andligt mer utvecklade skulle kunna kultivera kristendomens djupare mysterier, som förberedelse inför den tid när dessa mysterier kunde återintegreras med kristendomens huvudfåra. Den ström av esoterisk kristendom som Johannes Kyrka representerade kan tex ses i gralskristendomen, vars ledljus var gralfamiljen: Titurel, Amfortas, Trevrizent, Schoysiane, Herzeloyde, Repanse de Schoye, Parzifal, Lohengrin och så vidare.[82] Detta innebar inte att de var emot Kyrkan, för de gralsmysterier som de representerade utgjorde den underliggande grunden för kristendomen som helhet. De representerade *djupets* element, kristendomens djupare mysterier, vilka ännu inte hade någon större del i den yttre kyrkan.

I verkligheten finns det bara en kristendom, som omfattar alla de som tror på och älskar Jesus Kristus, allt ifrån de enklaste fromma bönder till de andliga lärare som omger Kristus. Alla troende är del av Kristi väsen, men utveckling i Kristus går hand i hand med en ökande medvetenhet om de kristna mysterierna. Den Nya Tidsåldern, tiden för Kristi återkomst är en speciell tid i vilken en ny utveckling i Kristus kan börja; när de kristna mysterierna kan börja tas upp av troende överallt.

De olika uppgifterna i Petrus Kyrka och Johannes Kyrka är tydligt urskiljbara: Petrus Kyrkas uppgift är att "föra mina lamm på bete", att handha sakramenten åt troende kristna; Johannes Kyrkas uppgift har varit att invänta Kristi återkomst, då den kan börja komma fram ur djupen för att succesivt introducera de djupare mysterier som var tvungna att hållas tillbaka tills de föregående århundradenas vågor hade förbrukat sin kraft.

Vid Kristi återkomst har den tid kommit när de två kyrkorna, som av nödvändighet varit åtskilda, ska förenas. Exoterisk kristendom, vilken expanderade på bekostnad av att offra kristendomens djupare mysterier, måste återfå det djupets element som har odlats och bevarats av den esoteriska kristendomen genom tiderna. Och denna förening av Johannes Kyrka och Petrus Kyrka började när den andre andlige läraren trädde in i den Katolska Kyrkan under andra världskriget, kort efter begynnelsen av Kristi återkomst. Denna händelse, när en ledande individualitet i Johannes Kyrka förenade sig med Petrus Kyrka, innebar fullbordandet av Kristi ord: "Om jag vill att han skall bli kvar tills jag kommer, vad rör det dig?" (*Johannes 21:22*). Denna händelse betyder början av en ny era, i vilken de kristna mysterierna kan börja förnyas och kristendomen kan omformas till en stark, levande och vital kraft i världen. Hela kristendomen måste stå enad om Antikrists ankomst ska kunna mötas och stås emot. Den andre läraren har öppnat vägen, och satt i gång processen med att integrera Johanneskyrkans mysterier med Petruskyrkan.

DEN TREDJE ANDLIGE LÄRAREN UNDER 1900-TALET

Förnyelsen av kristendomen hade redan profetiskt tillkännagivits av Novalis (1772–1801).[83] Han skrev:

Den gamla katolska tron var tillämpad belivad kristendom ......dess ständiga närvaro i livet, dess kärlek till konst, dess djupa mänsklighet, okränkbarheten i dess äktenskap, dess smittsamma välvilja mot människor, dess glädje i fattigdom, i lydnad och i lojalitet gör den otvetydig som religion och omfattar de grundläggande kännetecknen i dess system...Kristendomen måste bli levande igen, effektiv och utan hänsyn till nationsgränser. Den måste återigen bilda en synlig kyrka som tar alla själar som törstar efter översinnlighet till sitt bröst, och villigt blir förmedlaren mellan den gamla och nya världen. Det måste återigen strömma ut ett överflöd av välsignelser över de olika folken. Ur ett ärevördigt europeiskt rådslags heliga livmoder skall kristendomen uppstå och den uppvaknande viljans uppdrag utföras enligt en omfattande gudomlig plan. [84]

Dessa Novalis profetiska ord, som togs upp av den andre läraren, ger en antydan om hur stora individualiteter arbetar tillsammans "enligt en omfattande gudomlig plan." Alla tre lärarna är i själva verket representanter för Johanneskyrkan. Deras inkarnationer under 1900-talet kan ses som en del av manifesterandet av Johanneskyrkan. Detta är särskilt tydligt vad gäller den förste av dessa lärare, som faktiskt etablerade en offentlig esoterisk institution.

Vi har talat om att den förste av dessa tre andliga lärare representerade den Mindre Väktaren (ärkeängeln Mikael) i sin inkarnation i det tjugonde århundradet, och den andre andliga läraren den Större Väktaren (Jesus Kristus). Vad är då den tredje lärarens uppgift i sin nuvarande inkarnation?

Den lärjunge som framgångsrikt passerar genom mötena med den Mindre och Större Väktaren, lär sig både att stiga upp (för att passera tröskeln som Mikael vaktar) och att stiga ned (för att återvända i ett offrande av sig själv för mänsklighetens och Jordens skull). Han eller hon stiger upp till den andliga världen och genomtränger de kosmiska mysterierna, och stiger sedan ner till Jorden igen med nya krafter att användas i mänsklighetens och Jordens tjänst. De båda första lärarnas undervisning speglar denna skillnad i orientering: att den första lärarens undervisning är inriktad på att avslöja de kosmiska mysterierna, vad vi skulle kunna kalla kosmisk kristendom. Den andre lärarens undervisning är inriktad mot moralisk fördjupning, mot att hjälpa människor att utveckla moraliska krafter att ställa i Kristi tjänst på Jorden – vad vi skulle kunna kalla en jordisk kristendom. När vi beskriver de båda lärarnas uppgifter på detta sätt, reducerade till polariteten "kosmos/jord", blir behovet av att förmedla mellan denna polaritet ganska uppenbart – och detta karaktäriserar den tredje lärarens undervisning, vilken kommer att få en speciell betydelse i framtiden. Denna förmedlande eller harmoniserande impuls består inte i en enkel blandning av impulserna från de båda första lärarna; det är snarare en tredje impuls som representerar ett tredje väsen, som i viss mån också är en Väktare vid Tröskeln. Denna tredje andlige lärare representerar Sofia.[85]

GUDOMLIGA SOFIA

I motsats till den väletablerade traditionen vad gäller ärke-
ängeln Mikael, är den gudomliga Sofia knappast alls repre-
senterad i västvärldens kristendom. Antalet ikoner av Ärke-
ängeln Mikael är omfattande, men tills ganska nyligen har
det nästan inte funnits någonting att visa upp av den Gud-
omliga Sofia utanför den östliga kyrkans områden. Detta
trots att aposteln Johannes beskrev Sofia med följande ord:
"Och ett stort tecken syntes på himlen, en kvinna klädd i
Solen och med Månen under sina fötter och en krans av tolv
stjärnor på sitt huvud" (*Uppenbarelseboken 12: 1*). Relativt
lite har skrivits om Sofia i väst, med undantag för några
författare, mestadels av ryskt ursprung, som skrev under
den första delen av 1900-talet. Allt detta har emellertid
förändrats sedan verk av den ryske sofiologen Valentin
Tomberg har börjat dyka upp i väst. I hans *Studies of the
New Testament* talar han om Sofias betydelse för pingsten.
Han beskriver pingsten som en slags arketypisk historisk
manifestation av Sofias nedstigande i Maria, som på detta
sätt blev ett instrument genom vilket den Helige Ande
kunde överföras till apostlarna.[86] I ljuset av denna beskriv-
ning inkarnerade i själva verket Sofia i Jungfru Maria vid
pingsten. Jakob Boehme och andra, som nämnts i kapitel
2, talade om en inkarnation av Sofia i Maria. Valentin Tom-
berg är den första person som beskriver när detta ägde
rum.

Sofias inflytande karaktäriseras av en vilja genomsyrad av
evig trohet mot Anden, en uthållighet som förblir stabil även
när den konfronteras med hemska prövningar och frukt-

ansvärda bördor. Människan kan få denna nya viljekraft en-
dast när hon eller han har uppnått en högre grad av renhet
och har "mött Sofia", för endast då kan den andliga världen
säkert veta att lärjungen inte kommer att "falla" och miss-
bruka denna nya viljestyrka. Sofia blir en sorts "andlig
moder" till dessa andligt renade lärjungar som framgångs-
rikt har passerat hennes "tröskel."

Enligt Kung Salomo uttalade Sofia dessa ord:

*Jag, visheten, är granne med klokheten, hos mig finns
kunskap och omdöme....*
*Jag ger råd och skänker framgång, hos mig finns insikt, hos
mig finns kraft...*
*Jag älskar dem som älskar mig och de som söker mig skall
finna mig......*
Jag går det rättas väg, på rättfärdighetens stigar.
Jag lönar rikt dem som älskar mig ....
*Herren skapade mig som det första, som begynnelsen av
sitt verk. I urtiden formades jag, i begynnelsen, innan Jor-
den fanns, Innan djupen blev till föddes jag....*
*När han lade jordens grundvalar, då var jag som ett barn
hos honom. Jag var hans glädje dag efter dag och lekte
ständigt inför honom. Jag lekte i hela hans värld och gladde
mig med människorna...*

-Ordspråksboken 8,9

Dessa ord uttrycker Sofias "kosmiska uthållighet i viljan",
för hon är evigt trogen Fadern i himlen. Det är denna kvalit-
et i *viljan* som de lärjungar som uppnår tillräcklig renhet
efter sitt möte med Sofia får ta emot. Och det är Jungfru
Marias eviga *trohet* som gör henne till Kyrkans Moder; i

verkligheten utgör dock Maria och Sofia tillsammans (Maria Sofia) kyrkans Moder helt och fullt i dess bredd och djup.[87]

MARIA SOFIA

Under 1900-talet har otaliga framträdanden av Maria Sofia ägt rum, varje gång har hon vädjat till mänskligheten att vända sig till Gud igen, för att inte katastrofer skall ske. Maria Sofia visade sig till exempel flera gånger år 1917 för tre unga barn i den lilla byn Fatima i Portugal, där hon bland annat varnade för den olycka som väntade Ryssland (den ryska revolutionen i oktober 1917) om ingen förnyelse av den kristna tron i Ryssland skedde. År 1940 på annandag pingst visade sig Maria Sofia för den sextonåriga Barbel Ruess i Marienfried nära Ulm i Tyskland, vid en mycket mörk tidpunkt i mänsklighetens historia. Maria Sofia meddelade böner att uttalas inför den hotande nazistiska ondskan.[88] Den kanske mest betydelsefulla av dessa böner är den stora bönepsalmen till Treenigheten. De tre verserna i denna bön till Treenigheten, som gavs i Marienfried, kompletterades med en fjärde vers - uppenbarad av Maria Sofia i Amsterdam den 11 februari 1951. Det är en bön för fred inför hotet om krig. Denna bön som gavs när hotet om ett kärnvapenkrig snart skulle komma att bli verklighet, var avsedd att föra Sofias, "Alla folks Kvinnas" (eng: the Lady of All Peoples ö.a.) fredsimpuls till världen. Följande är en svensk översättning av bönepsalmens tre verser, till vilka bönen från Amsterdam har lagts till som en fjärde vers:

Hell dig Du Evige Härskare och Levande Gud;
Ständigt Närvarande Vördnadsbjudande och Rättfärdige Domare;
Alltid Rättvise och Barmhärtige Fader!
Evigt Ärad vare Du, Evigt Prisad vare Du

genom din Solklädda Dotter
Vår Heliga Moder! Amen
O, stora Nådiga, var vår förespråkare, bed för oss!
Hell dig Du offrets Gudamänniska
Blödande Lamm och Fredskonung.
Du Livets Träd, vår Härskare.
Dörren till vår Faders Hjärta,
Evigt född av Den levande Ende
Till Makt, Ära och Storhet,
Trohet och Försoning, och Lovprisande,
Evigt Välsignad Vare Du
Genom din Obefläckade Bärare
Vår Heliga Moder. Amen.
O, stora Nådiga, var vår förespråkare, bed för oss!

Hell dig Du Evighetens Ande
Du evigt Strålande Helighet
Evigt Skapande i Gud.
Du Eldsflamma från Fader till Son
Du Rasande Storm
Du som andas Kraft, Ljus och Värme
in i Den Eviga Kroppens Lemmar
Du eviga Kärleks Eld
skapande Guds Ande i Tillvaron
Du röda Eldsflamma
Från det Evigt Levande till det Döende!
Makt, Ära och Skönhet
I Evighet till Dig
Genom din Stjärnbekrönta Brud
Vår heliga Moder! Amen
O, stora Nådiga, var vår förespråkare, bed för oss![89]

Herre Jesus Kristus, Faderns Son
Sänd nu din Ande över Jorden.
Låt den Helige Ande uppfylla alla folks hjärtan,
så att de bevaras från sjukdom, krig och förödelse.
Må alla folks Kvinna som en gång var Maria
Vara vår förespråkare! Amen[90]

De första tre verserna, som uppenbarades av Maria Sofia i Marienfried, är riktade i tur och ordning till Fadern, Sonen och den Helige Ande. I varje vers kommer olika aspekter av Maria Sofia till uttryck: Faderns Solklädda Dotter; Sonens Obefläckade Moder; Den Helige Andes Stjärnbekrönta Brud. Dessa motsvarar de karaktärsdrag som Johannes refererade till i sin vision av Sofia i kapitel 12 i *Uppenbarelseboken*: "klädd i Solen (Solbeklädd) med Månen under sina fötter (Obefläckad)[91] med en krans av tolv stjärnor på sitt huvud" (Stjärnbekrönt) Och som Nådens förespråkare för var och en av de tre Personerna i Treenigheten åkallas hon i slutraden av varje vers.

Den fjärde versen, uppenbarad av Maria Sofia i Amsterdam, är riktad till Jesus Kristus, att han ska sända den Helige Ande i denna nödens tid för att förhindra "sjukdom, krig och förödelse". De första tre verserna är riktade till de tre Personerna i Treenigheten - Fadern, Sonen, och den Helige Ande - medan den fjärde bönen är riktad till Jesus Kristus, som "föddes" genom föreningen mellan Kristusväsendet och Jesus vid Dopet vid Jordan. Precis som Jesus Kristus blev till vid Dopet, så "föddes" Maria Sofia under pingsten, vilket tidigare nämnts.

Bönen som uttrycks i den fjärde versen vädjar till Maria Sofia, som Alla Folks Kvinna, att vara vår förespråkare. Föreningen av Sofia med Maria är den pingsthändelse som också åsyftas i orden: "som en gång var Maria." Denna bön innefattar essensen i pingsthändelsen: den Helige Andes nedstigande, förmedlad av Maria Sofia, som för fred och frid in i alla folks hjärtan. Det dagliga praktiserandet av denna bön av människor över hela världen (den finns översatt till ett stort antal språk) är en vädjan om förnyelse av pingsthändelsen i global skala, för att bringa fred och frid bland alla folk och alla nationer. Vädjan gäller inget mindre än en världspingst! Sofia bringar fred och frid till Jorden och mänskligheten, och detta är vad som behövs nu, mer än någonsin. Som representant för Sofia, är detta är den tredje lärarens mission och uppgift.

När Maria Sofia visade sig för Barbel Ruess i Marienfried den 2.e maj 1946 uttalade hon följande ord:

Ja, jag är den stora förespråkaren av Nåd. Precis som det bara är genom Sonens offer som världen kan finna Nåd inför Fadern, så är det bara genom min Bön som Ni kan finna tillträde till Sonen. Av denna orsak är Kristus så okänd, för jag är inte känd. Därför lät Fadern sin vrede nedströmma över länderna (andra världskriget),[92] eftersom de hade förkastat hans Son. Världen var helgad och vigd åt mitt Obefläckade Hjärta (Påve Pius XII helgade och vigde Kyrkan och världen till Marias obefläckade hjärta 1942), men för många har denna vigning blivit ett fruktansvärt ansvar. Jag ber världen att helga denna vigning! Ha gränslös tillit till mitt Obefläckade Hjärta. Ha tro, jag kan åstadkomma allt tillsammans med min Son! För in mitt Obefläckade Hjärta i stället för era orena hjärtan, därefter kommer det att vara jag som för ner Guds Makt, och Kristus kommer återigen att forma Guds Kärlek till fullkomlighet i er. Fullfölj mina böner så att Kristus snart kan regera som Fredens Konung! .... Be inte så mycket om yttre ting. Idag handlar det om mer än så. Och vänta er inga yttre tecken eller mirakler! Jag skall arbeta i fördolda djup som förespråkaren för Nåd. Om ni fullföljer vad jag ber er om, skall jag ge er Hjärtats Frid. Bara med denna Frid som grund kan det vara möjligt att skapa fred mellan nationer. Då kommer Kristus att regera över alla folk som Fredens Konung.[93]

I ljuset av dessa ord kan vi börja förstå den obeskrivliga nåd som rådde i Östeuropa i slutet av det kalla kriget efter den "fredliga revolutionen" under åren 1989-1991, som följde på den kosmiska händelse som ägde rum 1981, vilket innebar en ny intensitet i Maria Sofias aktivitet.

För intensifieringen av Sofiaimpulsen under den sista delen av 1900-talet förebådades av konjunktionen mellan Jupiter och Saturnus, vilken ägde rum 1981 (i själva verket en trefaldig konjunktion i Jungfruns tecken, den konstellation som är närmast förknippad med Sofia).[94] En sådan konjunktion äger rum vart tjugonde år och sänder en ny andlig impuls in i kulturlivet från den sideriska konstellation i vilken den äger rum.

Denna impuls "växer till" och "avtar" under loppet av tjugoårsperioden i fråga, blir starkare under tio år och avtar under tio år, och förbereder för nästa Saturnus-Jupiter konjunktion. På så sätt strålade Sofiaimpulsen efter 1981 in från det sideriska Jungfrutecknet, växte sig starkare och nådde sin höjdpunkt vid oppositionen mellan Jupiter och Saturnus (i själva verket fem oppositioner mellan 1989 och 1991. Därefter inleddes dess avtagande fas, som varade till nästa konjunktion mellan Jupiter och Saturnus år 2000 i Vädurens sideriska tecken. Den växande fasen i den nya andligt kulturella impulsen som flödar in med Saturnus-Jupiter konjunktionen i Väduren kommer att vara ungefär tio år, till nästa opposition (i själva verket en trefaldig opposition under 2010 och 2011).

I det tolfte kapitlet i *Uppenbarelseboken* antyder Johannes en konfrontation mellan Sofia och Antikrist, vilken han kallar draken. Detta tolfte kapitel ger en exakt bild av den konfrontation som nu äger rum. Å ena sidan har Kristus återkommit, vilket i kapitlet beskrivs som den gudomliga Sofia födande Kristusbarnet (den Uppståndnes återkomst, född av världs-själen). Å andra sidan Antikrist som angriper Kristus och Sofia och riktar sin vrede mot alla troende. Sofia-impulsens verkan i vår tid är på så sätt beskriven i *Uppenbarelsebokens* tolfte kapitel.

DE TRE ANDLIGA LÄRARNAS SAMARBETE

Det har förutsagts (se kapitel 3 om den Heliga Själen) att den tredje andlige läraren under 1900-talet, som representerar Sofia, skulle inkarnera som kvinna in i denna andliga konfrontation. Man borde inte förvänta sig att denna lärare nödvändigtvis framträder i offentlighetens ljus. Hon kommer troligen att verka på ett sätt som motsvarar Sofiaväsendets dolda verksamhet. I Marienfried sade Maria Sofia "Förvänta er inte några tecken eller mirakler! Jag skall arbeta i dolda djup som förespråkaren för Nåd. " [95]

Så kommer den tredje läraren troligtvis att förbli i det fördolda, och verka i kulisserna som en inspirationskälla, ett kärl för Sofia, för att stärka viljekrafterna i de prövningar som tron utsätts för över hela världen. Evig trohet inför Anden är essensen i vad den tredje läraren vill förmedla in i det kulturella livet. Varhelst kreativ vilja riktas till stöd för Kristusimpulsen, särskilt i den konstnärliga sfären, kan denna lärare förväntas utstråla stärkande och inspirerande impulser. För denna lärare är skönhetens fanbärare, precis som de två första lärarna var fanbärare för sanning (visdom) och godhet (rättfärdighet).

Den tredje andlige lärarens framträdande under 1900-talet innebär den sista fasen i utvecklandet av den treenighetsimpuls som leder det "Eviga Israels" karmiska gemenskap, återkomstens gemenskap (precis som det israelitiska folket, grundat av Abraham, Isak och Jakob, förberedde för Kristi första ankomst). De tre faserna, representerade av de tre lärarna, kan betraktas som speglande Faderns, Sonens och den Helige Andes aktiviteter. Var och en av dessa är i sin tur representerade i en del av Bibeln: Gamla Testamentet, Nya Testamentet och Apokalypsen eller Uppenbarelseboken. För det Gamla Testamentet är Faderns testamente, det Nya Testamentet är Sonens testamente och Uppenbarelseboken är den Helige Andes Testamente.

De tre faserna som lärarna representerar kan betecknas som *grundande*, *offer,* och *kamp*. Sålunda speglar den förste läraren Faderns aktivitet: han grundar. Han grundade en gemenskap vid en historisk händelse som representerar en metamorfos av mottagandet av Lagen på Sinaiberget, nämligen Julmötet 1923, när Grundstensmeditationen lades i gemenskapens hjärta, i de hjärtan som samlats runt honom. Detta grundande förkroppsligade en gudomlig tanke, d.v.s. Faderns gudomliga plan eller intention, som denne lärare undervisade om under den första fjärdedelen av 1900-talet.

Den andre andlige läraren, som efterträdde den förste, förkroppsligade offret. Han "lade ner sitt liv" för en särskild gemenskap av troende, när han gick in i Katolska Kyrkan efter sin tidigare förening med den förste lärarens gemenskap: en mikrokosmisk spegling av Sonens offer på Golgata. Denna fas i utvecklandet av den trefaldiga andliga undervisningen speglar Sonens aktivitet.

Till den första lärarens *grundande* av en gemenskap, och den andre lärarens *offer* för kristendomens skull, läggs nu *kampen,* ledd av den tredje läraren, som en härold för Sofia, för att etablera ett "rike" för den Heliga Själen. Denna kamp för den Heliga Själen, som beskrevs av Johannes i *Apokalypsen*, pågår nu. Utfallet av denna kamp beror på hur viljekraften kan aktiveras, hur den tredje läraren, känd som skönhetens fanbärare, kan aktivera viljan hos alla de som är trogna Kristus.

De tre andliga lärarnas uppgift och mission under 1900-talet, som i slutändan representerar Mikael, Kristus och Sofia, kan sammanfattas i orden: *Michael-Sophia in nomine Christi.* Detta är det andliga mottot för den karmiska gemenskap som leds av dessa tre lärare.

MICHAEL-SOPHIA IN NOMINE CHRISTI

De tre andliga lärarna representerar arketypiskt den Heliga Treenigheten - Fadern, Sonen och den Helige Ande. Den förste andlige läraren som även representerar Ärkeängeln Mikael (som står för Fadern: Mikael "vem är som Gud"); Den andre läraren Jesus Kristus (Sonen), och den tredje läraren Maria Sofia (den Helige Andes Brud). Dessa tre andliga väsen - Mikael, Kristus och Sofia - står bakom de tre andliga lärarna under 1900-talet, och leder det "eviga Israels" karmiska gemenskap, vars syfte är att bringa till uppfyllelse Jesus Kristus återkomst.

Mottot, "Mikael-Sofia i Kristi namn", ger nyckeln till denna "andliga skola" och formen för dess andliga väg. Denna skola kan betraktas som omfattande tre delar eller aspekter: (i) Mikaels, (ii) Sofias och (iii) Kristus. Dessa tre aspekter är en inre andlig verklighet och motsvarar Mikael, Sofia och Kristus. En av de tre lärarnas uppgifter är att leda lärjungar in i mysterierna av denna andliga skolas tre aspekter, vilket motsvarar deras inspirationskällor.

Som representant för Ärkeängeln Mikael, grundade den förste andlige läraren Mikaelskolan för att vägleda lärjungar in i Mikaels kosmiska mysterier. Han grundade den som en *offentlig esoterisk skola*, en esoterisk skola som är öppen för alla – givet att den sökande är sann i sin motivation och stöder skolans syften och ideal. Med tanke på skolans öppenhet, behövs det här ingen närmare beskrivning av den andliga väg som den innehåller. Det räcker med att säga att denna väg kan leda till allt djupare upplevelser av de *kosmiska* mysterierna, genom mötet med den Mindre Väktaren (Ärkeängeln Mikael).

Efter att ha genomgått denna esoteriska skola innan andra världskriget, öppnade den andre läraren upp vägen till de andra två aspekterna, Kristus och Sofias aspekter. Av speciella orsaker var det inte möjligt för honom att ta sig an denna uppgift som en direkt fortsättning av den esoteriska skola som grundades av den förste läraren. Han tog snarare ett världshistoriskt steg genom att träda in i den Katolska Kyrkan under andra världskriget. I och med detta etablerade han en anknytning till den historiska ström som leder tillbaka till Kristus och apostlarna – och som dessutom är en andlig ström där vördnaden för Jungfru Maria redan möjliggör för något av Sofia att flöda in. Efter tre sjuårsperioder i den Katolska Kyrkan, fortsatte han med uppgiften att öppna upp de mysterier som har samband med Kristus och Sofia.

Under den andra halvan av 1900-talet öppnade den andre läraren upp en ny andlig väg som innehåller mysticism, gnosis och magi, vilka tillsammans kan benämnas kristen hermetism.[96] När han öppnade denna väg -eller ström- av andligt liv, förutsåg han att han inte längre skulle leva på Jorden när den skulle börja blomstra, utan vistas i den andliga världen. Som en praktiserande esoteriker var han emellertid bekant med denna värld redan under livet och kunde förutse framtiden som någon som, till och med på Jorden, hade upplevt tillvaron "bortom graven."

Den andre andlige lärarens arbete, som inkluderar grundandet av den samtida kristna hermetismens väg, härrör från existensens högre nivåer. Han vänder sig till människorna på Jorden, som en vägledare in i tillvarons högre mysterier. I den meningen är den andre läraren, precis som den förste, grundare av en andlig skola; denna skola leds emellertid från den andliga världen och har ingen jordisk status. Denna andliga skola, grundad av den andre läraren, införlivar något av Kristus och Sofias mysterier.

Som kommer att beskrivas, innehåller den andra aspekten av den nya andliga skolningen *Sofias Skola;* och den tredje aspekten - *Kristus Skola* - leds av Kristus själv. Sambandet mellan den tredje läraren och Sofias skola är ett inre samband, så till vida som denna andliga lärare verkar som ett centrum för förmedling av andliga impulser, precis som Jungfru Maria vid pingsthändelsen. Jungfru Maria befann sig i centrum av kretsen av apostlar och tjänade som ett kärl för Sofia, genom vilken den Helige Andes nedstigande kunde ske, för att sedan utflöda över apostlarna. Den tredje läraren har nu en liknande roll, och tjänar som ett kärl för Sofia.

DET EVIGA ISRAELS ANDLIGA SKOLA

Den andliga skola som hör till det eviga Israels karmiska gemenskap omfattar tre aspekter, vilka motsvarar Mikael, Sofia, och Kristus. Denna skolas uppgift utgörs av det inre arbetet med personlig självutveckling, och det yttre arbetet med att andligt förvandla Jorden. Genom att förvandla sig själv förverkligar lärjungen "Visdom, Skönhet, och Godhet", vilket utgör innehållet i de tre aspekterna i den andliga skolan. Och på samma gång karaktäriseras omvandlingen av Jorden till de tre högre tillstånden i världsutvecklingen - Jupiter, Venus och Vulkanus - av Visdom (Jupiter); Skönhet (Venus); och Styrka/Godhet (Vulkanus). De tre aspekterna i den andliga skolan relaterar alltså till de kosmiska tillstånden i världsutvecklingen, som följer på det nuvarande tillståndet (Jorden). Dessa tre framtida tillstånd i evolutionen kommer att uppstå genom en andlig omvandling av Jorden och mänskligheten.[97]

Låt oss titta tillbaka på vad vi har fått reda på om de tre lärarna under 1900-talet. De är Visdomens, Skönhetens och Godhetens (Styrkans) fanbärare. På Jorden är vetenskap, konst och religion de tre kulturella områden som bör spegla dessa. Den andlige lärare vars aktiviteter utvecklades under den första fjärdedelen av 1900-talet - visdomens fanbärare-skapade en andlig vetenskap med det underförstådda syftet att föra vetenskapen (eller snarare det vetenskapliga sättet att tänka) till visdom. Bakom denna strävan står Ärkeängeln Mikael. På liknande sätt söker den andlige läraren som bär Skönheten leda konsterna till Skönhet, och det är den Gudomliga Sofia som står bakom denna uppgift. Till slut arbetar bäraren av Godhet i den religiösa strömmen, med syftet att föra den till Godhet; och det är Kristus som står bakom denna uppgift.

Beträffande de tre kulturella sfärerna vetenskap, konst och religion, står det genast tydligt att de med tiden blivit alltmer dekadenta. Det tillvägagångssätt som används av de andliga lärarna är emellertid att "komma under drakens skinn" och omvandla den inifrån genom att så frön till förvandling. Dessa frön är Visdom, Skönhet och Godhet. När dessa såtts i de kulturella områdena av vetenskap, konst och religion har vägen från dekadens till förlösning öppnats, fast naturligtvis har denna väg därmed inte befriats från svårigheter. Tydligt är att ingen snabb framgång kan förväntas. I verkligheten och sett mot bakgrund av den kosmiska evolutionen, är det tydligt att enorma tidsspann är inbegripna i arbetet med att leda vetenskap till visdom (Jupiter), konsterna till skönhet (Venus) och religion till godhet (Vulkanus).[98]

Uppgiften för det eviga Israels andliga skola - i vilken de tre lärarna kan betraktas som "de äldre"- är att hjälpa till att förverkliga Visdom, Skönhet och Godhet både i det inre på individuell andlig nivå, och i det yttre i de tre kulturella områdena. Detta inre och yttre arbete är i esoteriken känt som "att bygga templet". De tre aspekterna i den andliga skolan motsvarar exakt de bakomliggande kosmiska verkligheterna i Visdom, Skönhet och Godhet, vilka så att säga utgör pelarna i detta tempel. Och de tre lärarna, som "de äldre" och som mänsklighetens tempelbyggare, representerar var och en dessa pelare. På samma gång speglar innehållet i undervisningen om var och en av den andliga skolans tre aspekter den sfär - Visdom, Skönhet eller Godhet - till vilken de syftar. Återigen är perspektiven som beskrivs här naturligtvis oerhört förenklade.

Mikaels skola, som grundades av Visdomens fanbärare, är en skola för meditation med syfte att förvandla rationellt tänkande till Visdom. Målet är att det mänskliga medvetandet omvandlas till ett medvetande likt änglarnas (Visdom). *Sofias skola,* bakom vilken Sofias inspirationer står, kommer gradvis att genomsyra världen och föra fram ett innehåll som går bortom meditation; dess innehåll kommer att vara konstnärligt rituella former i vilka andliga sanningar framförs i konstnärligt meningsfull inramning. Att delta i sådana ritualer på rätt sätt kommer att vara till hjälp för att få till stånd en långtgående omvandling av känslolivet. Medan *Mikaels skola* syftar till att höja människors medvetande till Änglarnas sfär (Visdom), är *Sofias skola* orienterad mot Ärkeänglarnas sfär, i vilken Sofia är "hjärtat" eller Solen. Slutligen är *Kristus Skola* orienterad mot en andlig sfär bortom Änglarnas och Ärkeänglarnas sfärer, även om dess innehåll omfattar dem båda. Detta innehåll är en moralisktandlig handledning, i vilken essensen kan betecknas som "vit magi"- magi *för* det goda och *emot* det onda. Den uppgift som Godhetens fanbärare har, är att förmedla denna handledning i en form som är tillgänglig och kan förstås av dagens människor, för att få till stånd en moralisk förvandling av människornas viljeliv. En moralisk rättskaffens vilja är en stark vilja; andligt sett är Godhet moralisk Styrka.

De tre andliga lärarna är mänskliga representanter för andliga väsen: Mikael, Sofia och Kristus. Mikael är det Kosmiska Tänkandets (Visdomens) Väktare till vilket människors tänkande kan lyftas upp. Sofia är den Kosmiska Harmonins, (Skönhetens) Väktare till vilken människors känsloliv kan bli upphöjt; och Kristus är den Kosmiska Frälsande Kraftens eller Viljans Väktare (Godheten), till vilken människors viljeliv kan sträva. Nu kan man hoppas att läsaren slutligen kan förstå varför de tre lärarna inte har nämnts vid namn: det handlar om att låta de andliga väsen som dessa lärare tjänar att få komma i förgrunden. Dessutom finns det dessvärre en fara i att så snart man för fram personligheters namn, andliga uppgifter och principer, blir de förminskade till en personlig nivå (ofta med en polarisering på grund av sympati eller antipati). Något som måste undvikas för att komma till klar insikt. Detta är orsaken till att inte ha varit specifik; mystifiering eller "mörkläggning" har verkligen inte varit avsikten.

De tre lärarnas arbete kan ses i direkt relation till faserna i den eteriske Kristus inkarnation, där lärarna agerar som "Kristus ambassadörer" i den Nya Tidsåldern. De kan även betraktas i samband med det nya framträdandet av det Gudomligt Kvinnliga, vilket sker parallellt med utvecklingen av den eteriska Kristusimpulsen. Återigen måste man komma ihåg att det finns andra andliga lärare än dessa tre som verkar i Kristus och Sofias tjänst. Och det är verkligen inte denna boks syfte att ge intryck av att det *enbart* finns tre andliga lärare under 1900-talet. Men ändå kan karaktäriseringen av dessa tre hjälpa till att sprida ljus över Kristi Återkomst – "vår tids största mysterium" [99]– och också över det nya framträdandet av det Gudomliga Kvinnliga, särskilt Sofia, genom vilken en relation med den eteriske Kristus kan komma till stånd:

Det är inte på grund av att någonting händer av sig självt utifrån som Kristus kan visa sig igen i det eteriska under loppet av 1900-talet, utan snarare genom att människor finner kraften som den Heliga Sofia representerar.[100]

Genom Sofia till Kristus! Och omvänt, genom Kristus till Sofia! Det är budskapet i denna bok, som försöker ge en hjälp och orientering till alla de som söker det Gudomliga Kvinnliga. Må Hon – i alla sina olika aspekter: Moder ("Allt levandes Moder"); Dotter (Sofia); och den Heliga Själen (Shekinah) – uppenbara sig för alla som söker Henne. Och må dessa tre andliga lärare, som var en på sitt eget sätt har visat oss och fortsätter att visa oss Kristusmysteriet och det Gudomligt Kvinnligas Mysterium (Allraheligaste Trinosofia), vägleda och åtfölja alla uppriktigt sökande, tillsammans med alla andra andliga lärare vars ljus och inspiration kan hjälpa oss i vårt sökande efter det Gudomligt Kvinnliga.

Robert Powell föddes i Reading i England 1947. Han tog sin examen i matematik vid Sussex universitet 1968, där han tilldelades en Masters Degree i statistik 1969. Från 1969 till 1976 var han lektor i matematik och statistik vid Department of Computing and Cybernetics vid Brighton Polytechnic. 1971 valdes han in som Fellow of the Royal Statistical Society. Från dess början 1971 fram till 1974 var han lärare i matematik vid the Open University. 1976 lämnade han Brighton Polytechnic för att påbörja sin forskning i zodiakens historia och under 1976–77 var han gästföreläsare i astronomi och astronomihistoria vid Emerson College i England. Han har även bedrivit forskning i astronomisk kronologi vid Mathematisch-Physikalisches Institut i Dornach, vid Basel i Schweiz.

Powell började på sin doktorsavhandling om zodiakens histora vid Jagielloniska universitetet i Krakow i Polen, men avbröt arbetet på grund av införandet av undantagstillstånd. Så studerade han eurytmi, en rörelsekonst utvecklad av Rudolf Steiner, vid Goetheanum i Dornach. Här var han också involverad i ett pionjärarbete med en ny stjärnvisdom på kristen basis. Denna nya stjärnvisdoms "kropp, själ och ande" presenterades i Powells trilogi Hermetic Astrology. Efter genomförandet av den fyraåriga eurytmiutbildningen lämnade han Schweiz och återvände till England för att studera den terapeutiska tillämpningen av eurytmin. Från 1984 till 1988 arbetade han som läkeeurytmist (rörelseterapeut) i Stuttgart och använde sig av den hermetiska astrologin i sin terapeutiska verksamhet. Därefter fortsatte han sin verksamhet i Kinsau, sydväst om München, i en terapeutisk gemenskap tillägnad Sofia. Under många år gav han seminarier och workshops runt om i världen, och ledde även pilgrimsresor till världens heliga platser. Tillsammans med Karen Rivers grundade han år 1994 the Sophia Foundation of North America. Robert Powell doktorerade i zodiakens historia år 2004, och är författare till ett stort antal böcker. Han bor nu i Ecuador där han fortsätter sitt arbete.

LITTERATUR

¤ Paul Marshall Allen, *Vladimir Soloviev: Russian Mystic* (Blauvelt, NY: Steinerbooks, 1978.

¤ Daniel Andreev; *The Rose of the World*, NY: Lindisfarne Press, 1997.

¤ Anonymt, Tarotmeditationer, BoD.se, 2022

¤ Tatiana & Irina Antonyan, *Urania* (en ledande rysk tidskrift om andlighet, Sofia, astrologi etc. Ges ut i Ryssland sex gånger per år: Box 8 Moskva, 125171 Ryssland. Urania Congress är en årlig Sofiakongress ombord på en kryssningsbåt på floden Volga, som organiseras av Urania.

¤ Sergei Bulgakov, *Sophia, the Wisdom of God: An Outline of Sophiology* (Hudson NY: Lindisfarne Press 1993)

¤ Samuel D. Cioran, *Vladimir Soloviev and the knighthood of the Divine Sophia* (Waterloo, Ontario: Wilfred Laurier University Press, 1977)

¤ Dionysius the Areopagite, *On the Heavenly Hierarchy*, transl. J.Parker, 2, vol. (London: 1897/99).

¤ Wolfram von Eschenbach, *Parzivlal,* trans. H.Mustard, C. Passage (New York: vintage, 1961)

¤ Pavel Florensky, *The Pillar and Foundation of Truth* (Princeton,Nj: Princeton University Press, 1977).

¤ Andrew Harvey, *The Return of the Moteher*(Berkeley, CA: Frog. 1995).

¤ Josef Künzli, *Die Erscheinung in Marienfried* (Jestetten, Germany: Mirium Verlag, 1976).

¤ Caitlin Matthews, *Sophia: Goddes of Wisdom* (London: Mandala, 1991).

¤ *The Message of the Lady of All Nations* (Postbus 7180, Amsterdam, 1971).

¤ Novalis, *Hymns to the Night and other selected writings*, trans. C.E. Passage (Indianapolis & New York: Library of Liberal Arts, 1960).

¤ Robert Powell, *The Christ Mystery* (FairOaks, CA: Rudolf Steiner College Press, 1999).
- *Christian Hermetic Astrology* (Hudson, NY: Antroposophic press, 1998)
- *Chronicle of Living Chist. The Life and Ministry of Jesus Christ: foundations of Cosmic Christianity* (Hudosn, NY: Antroposophic Press, 1966).
- *Cosmic Aspects of The Foundation Stone* (Great Barrington, MA: Golden Stone Press, 1990).
- *Divine Sophia, Holy Wisdom* (Sophia Foundation of North America, P.O.Box 728, Nicassio, CA; 94946,1997).
- *Hermetic Astology*, vols.1&2 (Kinsau, Germany: Hermetika, 1987 and 1989. Distributed by Antroposophic Press).
- *The Sign of the Son of Man in the Heavens: Sophia and the Star Wisdom* (Vancover, BC: SunCross Press, 1999).
- *Sofia Vishetsläror, BoD.se 2023*
¤ Thomas Schipfinger, *Sophia-Maria* (York Beach, Maine: Samuel Weiser. 1997).
¤ Robert Slesinsky; *Pavel Florensy: A Metaphysics of Love* (Crestwood,NY: St. Vladimir´s Seminary Press, 1984).
¤ Rudolf Steiner, *Ancient Myths and the new Isis Mystery* (Hudson NY: Antroposophic Press, 1992).
- Aus den Inhalten der esoterischer Stunden 2 1910-12 (GA 266/2) (Dornach, Schweiz: Rudolf Steiner Verlag, 1996)
- *Bilder okkulter Siegel und Säulen* (GA 284) Dornach, Schweiz, Rudolf Steiner Verlag, 1977).
- *The Being of Anthroposphy* (Hudson, NY: Antroposophic Press,
- *Building Sones for an Understanding of the Mystery of Golgata* (London: Rudolf Steiner Press,1972).
- *Mitt Liv (Antroposofiska bokförlaget, 1981).*

- *Das Ereignis des Christus Erscheinung in der ätherischen Welt* (GA 118 (Dornach, Schweiz, Rudolf Steiner Verlag, 1984).
- *Das esoterische Christentum und die geistige Führung der Menschheit* (GA 130) (Dornach, Schweiz, Rudolf Steiner Verlag, 1987).
- *The East in the Light of the West* (London and NY: Putman´s Sons, 1922).
- *From the History and Contents of the First Section of the EsotericSchool,1904-14,* (Hudson,NY:Antroposophic Press)
- *Från Jesu till Kristus (*Antroposofiska Bokförlaget, Stockholm 1980).
- *Johannesevangeliet (*Antroposofiska Bokförlaget, Stockholm 1975).
- *Markusevangeliet (*Antroposofiska Bokförlaget, Stockholm 1975).
- *Karmiska Sammanhang III (*Antroposofiska Bokförlaget, Stockholm 1983).
- *The Last Adress* (London: Rudolf Steiner Press, 1967).
- *An Outline of Esoteric Science,*(Hudson,NY:Antroposophic Press 1997).
- *Die Rätsel des Philosophie* (GA 18) (Dornach, Schweiz, Rudolf Steiner Verlag, 1985).
- *The Riddles of Philosophy*, (Hudson,NY:Anthroposophic Press 1997).
- *The True Nature of the Second Coming*, (London: Rudolf Steiner Press, 1972).
- *Verses And Meditation,* (London Anthroposophical-Publishing Co,1961)
- *Zur Geschichte und aus den Inhalten der erkenntniskultischen Abteilung der Esoterischen Schule,* 1904-1914

(GA265) (Dornach, Schweiz, Rudolf Steiner Verlag, 1985).

¤ Valentin Tomberg, *Convenant of the Heart*, trans J. Morgante and R. Powell; Boston,MA:element, 1992 Distributed by Anthtroposophic Press.

- *Människans inre Utveckling*, BoD.se, 2022
- *Anthroposophical Studies of the New Testament,* (Spring Valley, NY: Candeur Manuscripts, 1985).
- *Studies on the Foundation Stone Meditation,* (Spring Valley, NY: Candeur Manuscripts, 1985).
- Sandra L. Zimdars-Schwartz, *Encountering Mary* (Princeton, NY:Princeton University Press, 1991)

TACK TILL:

Jacob Boehme (1575–1624) grundaren av sofiologi i väst, för hans visioner och undervisning om Kristus och Sofia.

Anne Catherine Emmerich (1774–1824), för hennes visioner av Maria Sofia och Kristus.

Vladimir Soloviev (1853–1900) grundaren av sofiologi i öst, för hans visioner, poem och skrifter om Sofia.

Rudolf Steiner (1861–1925) grundaren av antroposofin, för hans omfattande uttalanden om den gudomliga Sofia.

Sergei Bulgakov (1871–1944), för hans djupa sofianska teologi.

Pavel Florensky (1882–1937), för hans undervisning om Sofias tre aspekter.

Valentin Tomberg (1900–1973), för hans undervisning om de Tre Personerna i den sofianska Treenigheten.

Willi Sucher (1902–1985) grundaren av den nya stjärnvisdomen, Astrosophia, för hans hängivenhet till Isis-Sophia.

Daniel Andreev (1906-59), för visionen:The Rose of The World.

Thomas Schipflinger, för hans livsverk tillägnat Maria Sofia och för hans uppmuntran.

Charles Lawrie, för hans inspirerande poesi och för att arrangera de tre föreläsningarna om den Allraheligaste Trinosofia.

Karen Rivers medgrundare till Sophia Foundation of North America, för hennes stöd och för att ha arrangerat föredragen om de Tre Lärarna.

Lacquanna Paul, för hennes generösa hjälp.

Dianna Christenson, för hennes hjälp med manuskriptet.

James Wetmore, för hans grundliga förläggararbete.

Chris Bamford, Michael Dobson och Michael Lipson från Anthroposphical Press, för lotsning fram till publiceringen.

Alla andra som på ett eller annat sätt har hjälpt mig med denna bok och dess innehåll.

Beuroner Kunstverlag, för tillåtelsen att reproducera ikonen av den Gudomliga Visdomen, Sofia, på omslaget.

FOTNOTER

[1] Daniel D Cioran, Vladimir Solovóv and the knighthood of the Divine Sophia p.86. se Litt.

[2] Daniel Andreev, *The Rose of the World,* sid.372

[3] Rudolf Steiner, *Johannesevangeliet.*

[4] Det skulle vara väldigt intressant att se en jämförande studie om den historiska utvecklingen av tron på det Eviga i kristna kulturer. Men ett sådant arbete skulle främjas av att även andra religioner inkluderas, i vars gudavärldar bilderna av en stor barmhärtig Gudinna har odödliggjorts: hinduism, Mahayama, antika polyteistiska läror. Och naturligtvis Gnosticism.

[5] Daniel Andreev, *The Rose of the World,* sid.366-369.

[6] Avslutningsord vid ett föredrag av Rudolf Steiner i Penmaenmawr 31 aug, 1923 om Medvetenhetens Evolution.

[7] Valentin Tomberg, *"The Spiritual Hierarchies and Their Working in the Twentieth Century*, Shoreline, vol 5 (1992), sid. 51.

[8] Thomas Schipflinger, *Sophia Maria*, kapitel 1.

[9] Jag står i tacksamhetsskuld till T. Shipflinger för hans redovisning av sammanblandningen av Sofia med Logos. Detta och de följande kommentarerna är översatta från hans bok Sophia Maria.

[10] Se T. Shipflinger, *Sophia Maria,* del 1

[11] Ibid.

[12] Se T. Shipflinger, *Sophia Maria,* del 2

[13] Se Paul Marshall Allen, *Vladimir Soloviev: Russian Mystic,* sid. 350-351.

[14] Rudolf Steiner, *The Being of Anthroposophy.* sid.15.

[15] Se Robert Slesinsky, *Pavel Florensky: A Metaphysics of Love,* sid. 180-181.

[16] Ibid, sid. 181.

[17] Robert Powell, *The ChristMystery.* Kapitel 1 ger en detaljerad beskrivning av Kristi uppstigande till Fadern.

[18] Powell, ibid., kapitel 3.

[19] Sons and Daughters of Light, = "Sons of God"

[20] Robert Powell, *The Sophia Teachings*, study guide, sid. 9

[21] Rudolf Steiner, *Ancient Myths and the new Isis Mystery*, sid. 78.

[22] R. Powell, *Chronicle of the Living Christ*, sid. 178.

[23] T. Schipflinger, *Sophia Maria*, del 2.

24 Schipflinger, *Sophia Maria,* del 2.

25 R.Powell efterord till Sophia Maria.

26 Rudolf Steiner, *Riddles of Philosophy.*

27 Enligt esoterisk kristen tradition finns det sju Ärkeänglar: Mikael, Gabriel, Rafael etc. som var och en regerar över historiska perioder på 354 1/3 år. Alltså varar en hel cykel med sju Ärkeängel-perioder i 2480 år (7x354 år) I *Karmiska Betraktelser* refererar Steiner till dessa perioder och antyder Mikaels speciella betydelse för utvecklingen av tänkandet. Han daterar 1879 som början på Mikaels tid. Detta betyder, om man går tillbaka 2480 år, att den förra Mikaelperieoden började år 601 f.Kr och varade 354 år till 248 f.Kr. Detta sammanföll med den då blomstrande grekiska filosofin.

28 Rudolf Steiner, *Die Rätsel der Philosophie*, sid.46. Lägg märke till att uttrycket "Good Mothers"är översatt till det mer förståeliga den gudomliga Modern.

29 R. Powell, *The Christ Mystery,* kapitel 3

30 R. Powell, *The Christ Mystery*, kapitel 3

31 R. Powell, *The Christ Mystery*, kapitel 3

32 R. Powell, T*he Christ Mystery,* kapitel 3

33 Rudolf Steiner, *Ancient Myths and the New Isis Mystery*, sid.73.

34 Rudolf Steiner, *Markusevangeliet*

35 R.Powell, *The Christ Mystery,* där dessa olika rytmer behandlas i detalj, också i relation till de olika själsleden (jag, astralkropp, eterkropp)

36 R. Powell, *Chronicle of the Living Christ,* kapitel 5, sid.379

37 Rudolf Steiners svar på en fråga från Friedrich Rittelmeyer, som skrevs ner av Walter Johannes Stein. Cf. Robert Powell, "Zur Bodhisattva-Frage" *Erde und Kosmos* (Schoenau, Germany, 1981), vol. 4, sid. 59-64

38 Rudolf Steiner, *Last Address,* sid. 17-18.

39 Som stöd för denna tes att det finns fyra olika grupper av andligt strävande individer under loppet av 1900-talet, se Friedrich Benesch, "Die Vier Jugend generationen dess 20. Jahrhunderts, "Flensburger Hefte, vol. 46 (1994). sid. 55–85. Fastän Benesch inte refererar till grupper på tolv, beskriver han dock fyra olika generationer med unga människor som är närvarande under 1900-talet. Den första generationen gick igenom första världskriget. Tjugofem år senare upplevde den andra generationen det andra världskriget. 25 år senare upplevde den tredje generation det turbulenta 60-talet som kännetecknades av raskravaller, studentuppror, drogepidemier, flower power, och en sexuell revolution. Ytterligare 25 år

senare konfronterades den fjärde generationen med ett världsomspännande materialistiskt segertåg, ett inflytande från media utan motstycke, enorma miljöproblem, High tech revolution, genmanipulation och den allt genomträngande närvaron av data, internet. etc.

40 Valentin Tomberg, *Notes on the Second Coming of Christ*(unpublished)

41 Rudolf Steiner, *Zur geschicte und aus den Inhalten der erkenntniskultischen Abteilung der Esoterischen Schule*, sid. 227.

42 Sergei Bulgakov, *The Wisdom of God*, sid. 189-91

43 *Meditations on the Tarot*, sid. 548

44 Rudolf Steiner, *From the Hisory and Contents of the First Section of the Esoterische School,* 1904-14, sid 238.

45 R.Powell, *Hermetic Astrology*, vol. 1, sid. 63, ger exakta datum för de zodiakiska tidsepokerna och motsvarande kulturepoker.

46 Samuel D Cioran, *Vladimir Soloviev and The Knighthood of the Divine Sophia*, sid. 89ff.

47 Rudolf Steiner, *Mitt Liv*

48 Natalia Bonetskaya, *"Die russische Sophiologie und die Anthroposophie "*, Novalis (January, 1994), sid. 14-17.

49 Andrew Harvey, *The Return of the Mother.*

50 Schipflinger, *Sophia Maria.*

51 Sandra L Zimdars- Swartz, *Encountering Mary.*

52 R. Powell, R. Powell, *Chronicle of the Living Christ,* sid. 415.

53 Rudolf Steiner, *Building Stones for an Understanding of the Mystery of Golgata.*

54 R. Steiner, *The East in the Light of the West*, föredrag 9.

55 Joachim Schultz, *"Anthroposophie – Wissenschaft vom Gral"* (ed. Suso Veter), Sternkalender 1985/86 (Dornach, Schweiz: Goetheanum)

56 R. Powell, *Chronicle of the Living Christ,* sid.38.

57 R. Steiner, *The True Nature of the Second Coming,* sid. 32.

58 Se kapitlet Den Heliga Själen, not 36 o 37

59 R.Steiner, *Das esoterische Christentum*, Leipzig 4 nov, 1911.

60 R. Steiner, *Verses and Meditations.*

61 R. Steiner, *Från Jesus till Kristus*

62 Som tillägg till de tre lärarna under 1900-talet, bör också nämnas andra andliga lärare som har varit eller är aktiva under århundradet, sådana som Master Jesus, se not 43

63 Naturligtvis representerar nuvarande händelser, fastän de speglar

historiska arketyper, emellertid en metamorfos av dem. Historien upprepar sig själv, men repetitionen är alltid en metamorfos av tidigare händelser.

64 Valentin Tomberg, *Studies of the Old Testament*, kaptel 3.

65 Robert Powell, Christian Hermetic Astrology,pp. 185-190

66 Se not 36.

67 R. Powell, *Hermetic Astrology,* vol. 1, kapitel 3

68 R. Steiner, *Occult History,* sid. 112–113. enligt Steiners karmaforskning var renässansmålaren Rafael en reinkarnation av profeten Elia. Hans inkarnationer som nämns är Elia, Johannes döparen, Rafael och Novalis. Detta utesluter inte möjligheten av mellanliggande inkarnationer. Se Powell Hermetic Astrology, 1, appendix 3.

69 R. Powell, *Hermetic Astrology,* vol. 2, sid.292-297.

70 R. Powell, *Cosmic Aspects of the foundation Stone.*

71 R. Powell, Hermetic Astrology, vol. 1. Appendix 3 and 4 beskriver upptäckten den första och andra "lagen" för reinkarnation.

72*Tarotmeditationer:* kapitel 11 för en djupare studie av de Tio Budorden i ljuset av kristen hermetism.

73 R.Steiner, *"Vom Godenen Kalb"*, Berlin, mars 22, 1912 ur *Aus den Inhalten der esoterischen Stunden vol 2* (GA 266/21), sid. 352.

74 Valentin Tomberg, *Studies on The Foundation Stone Meditation* ger en beskrivning av de andliga övningarna som finns i Grundstensmeditationen.

75 Valelntin Tomberg, *Människans Inre Utveckling* -om de två väktarna.

76 R. Steiner, *Hur uppnår man kunskap om de högre världarna?* Kapitel 10 – 11 beskriver de två Väktarna och lärjungens möte med dem.

77 Dionysius the Areopagite, *On the heavenly Hierarchy* 9,2; vol 2, sid. 37.

78 R. Steiner, *Hur uppnår man kunskap om de högre världarna?*

79 Den kristna hermetismens väg är beskriven i *Tarotmeditationer* (BoD.se) Den behandlar mötet med den Störe Väktaren, men detta möte är inte speciellt för hermetismen, Tex beskrivs den även av R: Steiner i *Hur uppnår man kunskap om de högre världarna?* i kapitel 11. Där beskrivs det efter mötet med den Mindre Väktaren.

80 Det vore ett misstag att dra slutsatsen att denna karaktärisering skulle hierarkiskt rangordna dessa två individualiteter. Orden Mindre och Större refererar till Väktarna, inte till de andliga lärarna. Som nämnts tidigare i

detta kapitel representerar dessa två en Fadersaspekt och en Sonaspekt. Inte heller detta innebär en rangordning. Faders aspekten av den förste andlige läraren kom till uttryck i hans allmängiltighet som grundare och skapare på alla livets områden, medan Sonens aspekt hos den andre läraren
uttrycks endast genom frälsning och förlossning, d.v.s. med tillvarons moraliska aspekter.

81 Den exoteriska strömmen i kristendomen, som behandlas i *Hermetic Astrology* vol. 1 appendix 2, omfattar de tre huvudströmmarna: romersk katolsk, östortodox och protestantisk, vilka tillsammans formar en triangel som omfattar de tre själskrafterna i traditionell kristendom: vilja, känsla, och tänkande. I relation till denna triangel, kan esoterisk kristendom betraktas som en cirkel som inramar den.

82 Precis som med alla kompletterande begrepp, motsatser, kontraster etc., måste man komma ihåg att det finns en subtil växelverkan mellan aspekter och åsikter; och hela sanningen kan aldrig fångas i ett sådant motsatsförhållande. Därför är det onödigt att påpeka, att den systematiska förklaring vi försöker göra även förenklar och det är inte avsikten att rangordna Johannes och Petrus Kyrkor.

83 Wolfram von Eschenbach, *Parzival*, är den viktigaste källan vad gäller Gralsfamiljen.

84 Se not 67

85 Novalis, *Hymner till Natten*.

86 De tre lärarna i Johanneskyrkan som det refereras till här är så att säga de tre "äldre i den metamorfoserade israelitiska gemenskapen på 1900-talet. Men precis som det fanns fler lärare i Israel än de tre patriarkerna Abraham, Isak och Jakob så finns det fler lärare i Johannes Kyrka än de vi tar upp.

87 Valentin Tomberg, *Tarotmeditationer*, kapitel 12. Se även *Covenant of the Heart*, för mer utvecklade sofiologiska perspektiv om trefalden i det Gudomligt Kvinnliga: Modern, Dottern, och den Heliga Själen.

88 *Tarotmeditationer* kapitel 11. För beskrivning av det andliga mötet med Maria Sofia i ljuset av kristen hermetism

89 Josef Künzli, *Die Erscheinung im Mareienfried*, sid. 10.

90 Ibid sid. 31-33.

91 *The Message of the Lady of all Nations*, sid. 61.

92 Rudolf Steiner, *Bilder okkulter Siegel un Säulen*, sid.76, beskriver betydelsen av bilden av Kvinnan klädd i Solen med Månen under sina fötter:

"Människan kommer att bli en solvarelse. Så människan kommer att "föda" en Sol genom Solens kraft. Sålunda föder Kvinnan Solen. Då kommer människan att vara så långt kommen moraliskt och etiskt att alla dåliga krafter i människans lägre natur kommer att ha luttrats. …Vid Kvinnans fötter klädd i Solen ligger Månen, som innehåller alla de dåliga substanser som jorden inte behöver och som har kastats ut. Alla de magiska krafter som Månen fortfarande utövar idag och som påverkar jorden kommer att övervinnas. På så sätt kommer Kvinnans obefläckade natur till uttryck i bilden med Månen under hennes fötter.

93 Kommentarerna inom parentes har gjorts av författaren.

94 Josef Künzli, *Die Erscheinung in Marienfried,* sid. 22-23.

95 R. Powell, "The Era of Sophia", *Mercury Star Journal 6* (1980), sid.1-9 se även diskussionen i kapitel 3 ovan.

96 Josef Künzli, *Die Erscheinung in Marienfried,* sid. 22

97 Tarotmeditationer, beskriver den kristna hermetismens väg som omfattar mystik, gnosticism och magi.

98 R.Steiner, *An Outline of Esoteric Science*

99 Här föreligger en medveten förenkling för att kunna skilja de tre lärarnas uppgifter åt vad gäller Visdom, Skönhet och Styrka vad gäller vetenskap, konst och religion, då deras aktiviteter överlappar varandra. Den förste läraren var aktiv i alla tre, men hans primära uppgift var andevetenskap.

100 R. Steiner *Das Ereignis Der Christus- Erscheinung in der ätherischen Welt,* sid. 48 se även R. Powell *The Christ Mystery,* sid 9.

101 *R. Steiner, Ancient Myths and the New Isis Mystery,* sid.78.